Johannes Reimer
Aufbruch in Tallinn

Der Autor

Johannes Reimer ist 1955 als Sohn deutscher Eltern in Russland geboren. 1976 Umzug nach Deutschland. Reimer besuchte die Bibelschule Wiedenest und studierte Theologie in Hamburg und Fresno, USA. 1986 gründete er das Missionswerk LOGOS International, 1995 promovierte er zum Doktor der Theologie. 1997 wurde er zum Professor ernannt. Heute leitet er die Gesellschaft für Bildung und Forschung in Europa (zu der elf Bibelschulen und Seminare gehören), ist Professor für Missionswissenschaft an der University of South Africa (UNISA) und lehrt an der Bibelschule Wiedenest und an der Akademie für Christliche Führungskräfte gemeinde- und missionsbezogene Themen. Er ist aktiv im Gemeindeaufbau und in der Gemeindegründung im In- und Ausland tätig und als Bibellehrer international im Dienst unterwegs.
Reimer ist verheiratet mit Cornelia und hat mit ihr drei Kinder. Er hat im Logos Verlag bereits viele Bücher veröffentlicht. Im Brunnen Verlag erschien 2005 in überarbeiteter Neuauflage sein vielbeachtetes Buch «Der Verweigerer» («Glaube im Schmelztiegel der Roten Armee»).

Johannes Reimer

Aufbruch in Tallinn

Wanja Richters abenteuerliches Leben zwischen russischer Gemeindetradition und staatlicher Verfolgung

Eine autobiografische Erzählung

BRUNNEN
VERLAG BASEL · GIESSEN

Bibliografische Information der Deutschen Bibliothek
Die Deutsche Bibliothek verzeichnet diese Publikation in der Deutschen Nationalbibliografie; detaillierte bibliografische Daten sind im Internet über http://dnb.ddb.de abrufbar.

Die Bibelstellen sind der Luther-Bibel (1999, mit neuer deutscher Rechtschreibung) entnommen.

Umschlag: Michael Basler, Lörrach
Foto Umschlag: Gettyimages/Stone, München
Satz: Bertschi & Messmer AG, Basel
Druck: St. Johannis, Lahr
Printed in Germany

ISBN 978-3-7655-4021-9

Inhaltsverzeichnis

Vorwort

Dieses Buch enthält eine Episode aus der Geschichte des geistlichen Aufbruchs in Estland in den 1970er Jahren. Bekannt geworden ist dieser Aufbruch durch die sogenannten Effataa[1]-Abende in der zentralen Baptistengemeinde der estnischen Hauptstadt – der Oleviste-Kirche. Die Leitung dieser Gemeinde organisierte besondere evangelistische Abende, die jeweils in estnischer und russischer Sprache stattfanden und nach einem völlig neuen Muster abgehalten wurden.

Neben modernen Verkündigungsformen und Gesang wurde dem Zeugnis und dem Segnungsgebet viel Platz eingeräumt. Gebetet wurde auch über Kranken, wobei es immer wieder zu spektakulären Heilungen kam. Die Nachrichten über solche Heilungen breiteten sich in der ganzen Sowjetunion aus, so dass bald aus dem ganzen Land Menschen nach Tallinn kamen, um an den Effataa-Gottesdiensten teilzunehmen. Nicht wenige von ihnen erlebten in Tallinn einen persönlichen geistlichen Neuanfang.

Die sowjetischen Behörden waren über die Geschehnisse in der Oleviste-Gemeinde zutiefst beunruhigt. Hier wurde das Evangelium in einer modernen, auch für junge Leute zugänglichen Art und Weise gepredigt. Dazu kamen die übernatürlichen Zeichen und Wunder. Sie wegzuerklären war mehr als schwierig. Deshalb setzten sie die Kirchenleitung der Evangeliums-Christen-Baptisten in Moskau unter massiven Druck. Man forderte diese auf, die Gemeindeleitung dazu zu bewegen,

[1] Estnische Schreibweise des aramäischen Wortes Effatah.

die Effataa-Gottesdienste in russischer Sprache und wenn möglich auch die in Estnisch zu beenden.

Die Gemeindeleitung widersetzte sich lange. Als der direkte politische Druck nichts brachte, zettelten die Behörden einen theologischen Streit an. Im Zentrum dieser Auseinandersetzung standen neben der modernen Musik charismatische Gaben und übernatürliche Machterweise Gottes. Die breite Mehrheit der Evangeliums-Christen-Baptisten hing einer dispensationalistischen Theorie an, die solche Phänomene für die nachapostolische Zeit nicht vorsieht. Kommen diese dennoch vor, so ist der Vorwurf, man habe hier mit Kräften von unten zu tun, leicht bei der Hand. Die sowjetischen Propaganda-Strategen hatten also ein recht leichtes Spiel damit, Streit und theologischen Zwist unter den Brüdern zu säen.

Im Jahre 1981 fand in Tallinn der letzte Effataa-Abend in russischer Sprache statt. Haljand Uvgenois, Mitglied der Oleviste-Leitung, schrieb später: «Die Entscheidung war hart und schmerzvoll, und sie bedeutete, wie man bald sehen konnte, das Ende des ganzen Erweckungsprozesses.»

In der vorliegenden Geschichte greife ich die Ereignisse der damaligen Tage auf. Ich selbst lebte in Kohtla-Järve, der zweitgrößten Stadt des Landes, und war erst kurz davor zum Glauben an Jesus gekommen. Rein zufällig geriet ich mitten in die Auseinandersetzungen um die Echtheit dieser Bewegung. Die Erzählung spiegelt meine Erfahrungen dieser Tage.

Nach reifer Überlegung habe ich mich entschlossen, meinen Bericht in eine Erzählung zu verpacken. Alle hier beschriebenen Personen hat es so oder ähnlich gegeben. Zeitzeugen werden unschwer erkennen, wer wer ist. Die Rahmengeschichte ist dagegen teilweise konstruiert, teilweise aus dem Leben übernommen, um das literarische Format einer Erzählung zu wahren. Das heißt, alle hier beschriebenen Handlungen und Erfahrungen hat es in einer ähnlichen Form gegeben. Sie sind nur zeitlich kondensiert worden. Damit wurden die wahren historischen Gegebenheiten gesprengt. Ich habe deshalb auch alle Namen der beteiligten Personen verändert. Das gab mir größere literarische Gestaltungsfreiheit. Inhaltlich orientiert sich die Erzählung jedoch sowohl an den geografischen Plätzen als auch an historischen Figuren und Ereignissen.

Es ist mein Gebet, dass das Buch nicht nur Lesefreude, sondern auch ein Nachdenken über persönliche Erweckung ermöglicht.

Johannes Reimer

Abkürzungen und Glossar

Alma-Ata – die ehemalige Hauptstadt Kasachstans, heute Almaty genannt.

AURECB – Allunionsrat der Evangeliums-Christen-Baptisten.

Baba – russisch für Großmutter.

Bis nach Sibirien kommen – russische Redewendung, die so viel wie «in die Verbannung oder ins Arbeitslager gehen» meint.

Effataa – estnische Schreibweise des aramäischen Begriffs Effatah.

Effatah – oder Hefata, aramäisches Wort aus dem Neuen Testament, das «Öffne dich» bedeutet.

Frunse – Hauptstadt Kirgisiens, heute heißt die Stadt Bischkek.

GAI – Abkürzung für die russische Straßenverkehrspolizei.

GULAG – russisches Kürzel für Glawnoje Uprawlenije Isprawitelno-trudowych Lagerej, die berüchtigte Verwaltung der Arbeitslager zur Zeit Stalins. GULAG ist außerdem zum Synonym für das gesamte sowjetische Repressionssystem geworden.

KGB – russisches Kürzel für Komitet Gosudarstwennoj Besopasnosti (Komitee für Staatssicherheit), die sowjetische Geheimpolizei.

Khan von Samarkand – der Herrscher von Samarkand, wird als geflügeltes Wort zur Bezeichnung besonderer Menschen gebraucht.

Kosaken – entlaufene Leibeigene, die im Laufe der Geschichte in den Randgebieten des russischen Reiches siedelten und später von den Zaren als Grenzschutztruppen eingesetzt wurden. Nicht zu verwechseln mit Kasachen (turksprachiges Volk, in dem nach ihnen benannten Land Kasachstan).

Miliz – sowjetische Polizei.

Molokanen – eine russisch-orthodoxe Sekte mit evangelischen Zügen. Molokanen lebten abstinent, daher ihr Name, der vom russischen Wort für Milch, «Moloko», abgeleitet ist. Molokanen = Milchtrinker.

Oleviste oder Olai-Kirche, eine der ältesten protestantischen Kirchen Alt-Tallinns.

Reval – alter (deutscher) Name von Tallinn, bis 1918 offiziell verwendet.

Schwarzer Rabe – Polizeiauto, mit dem man die Verhafteten abtransportierte.

– 1. –
Aus dem Zug geholt

Der Schnellzug Leningrad-Tallinn hatte wieder einmal Verspätung. Ungeduldig gingen wartende Passagiere den Bahnsteig entlang. Ein langer Este hatte es vermutlich besonders eilig. Er fluchte.

«Die blöden Russen. So etwas hätte es vermutlich im alten Estland nie gegeben. Jetzt mit den Russen, da kommt nun mal alles zu spät.»

Die neben ihm stehende alte Frau, vermutlich seine Mutter, versuchte ihn zu beruhigen.

«Früher sind die Züge auch nicht immer pünktlich gewesen. Manchmal musste man gar Tage auf eines dieser rauchenden Stahlrosse warten. Da sind doch die heutigen Elektrozüge der Russen recht angenehm», argumentierte sie.

«Du findest ja auch immer noch einen Rest Positives. Bei dir sind sogar die Russen Engel», entgegnete der Mann ärgerlich. Er schimpfte und schimpfte, so wie es Esten gerne tun, wenn sie einmal zu tief in eine Flasche Wodka geschaut haben. Seine Fluchtiraden wollten einfach nicht aufhören.

Doch plötzlich verstummte er – eine sowjetische Militärpatrouille, bestehend aus je einem Soldaten, einem Matrosen und einem Sicherheitsoffizier, betrat den Bahnsteig. In der Regel tauchten diese «Freunde» erst am Abend auf. Nur bei besonderen Anlässen oder Sicherheitsproblemen patrouillierten sie rund um die Uhr. Langsam marschierten sie an dem Esten und seiner Mutter vorbei.

«Besatzer!», zischte dieser ihnen hinterher. Und dann folgten noch weitere Worte, die, ihrem Tonfall nach zu urteilen, vermutlich übelste Flüche bedeuteten.

Doch Wanja Richter verstand sie nicht. Sein recht schwaches Schul-Estnisch ermöglichte ihm nur eine einfache Konversation, und auch das nur mit Mühe. Er war deutscher Abstammung und deshalb gezwungen, eine russische Schule zu besuchen. Eine estnische Schule wäre ihm lieber gewesen. Aber Esten und Deutsche durften laut den Mächtigen aus Moskau nur so wenig wie möglich zusammenkommen. Der Staat ahnte wohl, was aus einer solchen Völkerverständigung werden könnte. Übrigens, nahezu allen nationalen Minderheiten im Land erging es ähnlich. Auf dem Gebiet einer Unionsrepublik mussten alle nicht-nationalen Sowjetbürger russische Schulen besuchen.

Wanja gefielen die Ausfälle des Esten. Auch er war antirussisch gestimmt, was so viel wie antisowjetisch meinte. Für ihn widerspiegelte ein Russe die sowjetische Politik, Kommunisten und den ganzen Rest vom verhassten Sozialismus. Nichts wünschte er sehnsüchtiger herbei als das Ende dieses Regimes. Da war so ein antirussisch gesonnener Este ein willkommener Partner.

Die Soldaten waren vorbeigegangen. Der Este hatte sich beruhigt, und da kam auch schon die Ankündigung des verspäteten Schnellzuges nach Tallinn. In Wagen sieben hatte Wanja einen Platz reserviert. Wenn es nur irgend möglich war, reiste er immer in Wagen sieben. In der Regel reisten nämlich die Christen im Wagen mit dieser Nummer. So hatte man es Wanja in seiner christlichen Gemeinde erklärt. Es war nicht schwer, sie ausfindig zu machen.

«Du gehst hinein und pfeifst oder summst leise eine bekannte christliche Melodie vor dich hin. Wenn Christen im Wagen sind, dann werden sie dich anhalten und ansprechen», wurde Wanja von seinem geistlichen Mentor Nikolai Stepanow belehrt, den alle einfach Bruder Kolja oder Onkel Kolja nannten.

Und *wie* das funktionierte! Wanja war nicht zum ersten Mal mit dem Zug unterwegs. Selten traf er in Wagen sieben nicht auf einen Glaubensbruder oder eine Glaubensschwester.

Heute sollte es offensichtlich nicht sein. Er ging pfeifend den Gang entlang, sah auch immer wieder in die Abteile hinein, aber niemand schien zu reagieren. Etwas enttäuscht kehrte er zu seinem Sitzplatz zurück.

Das Abteil war beinahe bis auf den letzten Platz belegt. Wanja sah sich um. Sein Platz am Fenster war bereits von einem korpulenten Mann besetzt.

«Irgendwie kommt mir der Typ bekannt vor», dachte Wanja. Er sah sich weiter im Abteil um. Die meisten Mitreisenden waren Frauen.

«Steh nicht so dumm an der Tür!», herrschte ihn plötzlich der korpulente Mann an, der auf seinem Platz am Fenster saß. «Komm rein oder lass es ganz.»

«Danke. Würde ich auch gern. Aber Sie sitzen nun mal auf meinem Platz. Ist das nicht Wagen sieben, Platz sechsunddreißig? Dafür habe ich eine Platzkarte», erwiderte Wanja freundlich.

«Was spielt das schon für eine Rolle, welche Platzkarte du hast, Kleiner? Setz dich auf den freien Platz, und auf geht es. Bis Tallinn wirst du es bestimmt auch zwischen den beiden Weibern da aushalten.» Er zeigte auf den freien Platz auf der gegenüberliegenden Seite.

Wanja wehrte sich. Er hatte den Platz reserviert und wollte nun auch diesen privilegierten Platz am Fenster haben. Aber der Mann drehte sich demonstrativ von ihm weg und schwieg. Ein fast unheimlicher Ausdruck überzog sein fettes Gesicht. Seine weit hervorstehenden Augen, die seinem Gesicht etwas Froschartiges verliehen, sein breit geschnittener Mund mit den dicken Lippen und dann das ungepflegte, nach vorne hängende Haar, wirkten auf Wanja auf einmal bedrohlich.

Und doch versuchte er es noch einmal. Höflich bat er ihn, ihm den Platz zu überlassen. Einige der Frauen im Abteil setzten sich jetzt für Wanja ein.

Langsam, wie in Zeitlupe, drehte sich der Mann zu Wanja um. Im gleichen Tempo wanderten seine Augen von unten nach oben, als würden sie den Körper des jungen Mannes scannen. Oben am Kopf angekommen, fixierte er Wanjas Augen und sagte dann zischend: «Du hast wohl vergessen, wer ich bin. Warum übst du nicht deine christliche Barmherzigkeit auch mal an mir? Ihr Christen seid doch barmherzige Samariter, oder? Also, klatsch deinen Arsch auf die Bank und halt deine Fresse. Und ihr blöden Weiber haltet eure Klappen, sonst stopfe ich sie euch gleich.» Er erhob sich etwas von seinem Platz, als wollte er seiner Drohung Nachdruck verleihen.

Jetzt erkannte Wanja ihn. Es war Kossygin. Niemand sonst konnte es sein. Vor ihm saß der Geheimdienstspitzel Kossygin. Er war Wanja vor einem Jahr in der Baptistengemeinde aufgefallen. Allerdings war er da gut gekleidet und überaus gepflegt gewesen. Sein verwahrlostes Aussehen hatte Wanja ihn nicht gleich erkennen lassen.

«Na, kennst du mich jetzt, du kontra-revolutionäre Kanaille? Erstaunt, was? Ja, ich bin es. Eure Baptistenplage. Ich kriege euch überall. Vor Kossygin gibt es kein Entrinnen.»

«Trotzdem haben Sie kein Recht, den von mir registrierten Platz zu besetzen. Gerade als Mann der Staatsordnung sollten Sie ...» Wanja kam nicht dazu, seinen Satz zu beenden. Kossygin sprang hoch, packte den um einen Kopf kleineren und viel schmächtigeren Wanja an der Schulter und stieß ihn auf den Platz zwischen den Frauen.

Diese fingen an, laut zu protestieren und nach dem Schaffner zu rufen.

«Ist schon gut.» Wanja versuchte den offensichtlich

angetrunkenen Mann zu beruhigen. «Sie können den Platz behalten.»

«Warum nicht gleich so, du Sau? Wir dürfen sitzen, wo wir wollen. Ihr gehört in die Hölle. In die Hölle mit euch.» Wieder packte er Wanja an den Schultern, bereit, ihn hochzuheben und aus dem Wagen zu schleudern. Zum gleichen Zeitpunkt öffnete sich die Abteiltür, und die Schaffnerin schrie den wütenden Kossygin an.

«Sie setzen sich sofort auf Ihren Platz und zeigen mir Ihren Fahrschein und den Ausweis.» Die Stimme der Schaffnerin klang so selbstbewusst, dass sie auf den großen Mann wie eine Beruhigungspille wirkte. Er ließ Wanja los und kehrte zu seinem Platz zurück, zog seine Fahrkarte heraus und zeigte der Frau auch seinen Ausweis.

«Schon gut. Nur randalieren sollten Sie hier nicht. *Gerade* Sie, Genosse Kossygin», sagte die Schaffnerin und sah sich nun die Fahrscheine anderer Mitreisender an. Zu dem Platzproblem sagte sie kein Wort.

Auch alle anderen schwiegen.

Als sie das Abteil verließ, erwartete Wanja die nächste Attacke von Kossygin. Aber dieser sah aus dem Fenster und schwieg. Sein Gesicht war auf einmal eingefallen. So als hätte ihn die Aktion gerade eben viel Kraft gekostet.

«Vergiss es nie: KGB-Spitzel sind arme Menschen. In aller Regel sind sie vom Geheimdienst unter Druck angeworben worden. Und immer steht eine traurige Geschichte von Versagen dahinter. Ich habe noch nie einen glücklichen KGB-Spitzel getroffen», erinnerte Wanja sich auf einmal an die Worte von Bruder Kolja.

«Vor diesen Menschen brauchst du keine Angst zu haben. Sie können laut werden, sie trumpfen auf, können auch mal zuschlagen, doch sie haben vor nichts eine größere Angst als vor Menschen, die angesichts der Bedrohung trotzdem ruhig bleiben.»

Bruder Koljas Worte beruhigten Wanjas aufgewühltes Herz. «Schon toll, einen solchen Mentor zu haben», dachte er. Und als wäre Bruder Kolja im Abteil, hörte Wanja dessen Stimme sagen: «Vergiss nicht, bete für diese Menschen. Segne sie. Gebet entwaffnet jeden Feind.»

Wanja lehnte sich zurück, schloss seine Augen und fing an, für Kossygin zu beten. Irgendwie tat das Ganze enorm gut. Der Wagen schaukelte in gleichmäßigem Takt seinem Ziel entgegen. Das Gebet hatte Wanjas Herz mit einem tiefen Frieden erfüllt. Es ging ihm sichtlich gut, so gut, dass er sogar einschlief.

«Steh auf, Baptist», hörte er plötzlich Kossygin laut rufen, «du musst hier aussteigen.»

«Ich muss hier nicht aussteigen», protestierte Wanja.

«Und ob du musst!» Unsanft riss der Grobian Wanja von der Bank hoch und zerrte ihn aus dem Abteil. Die Frauen sahen ihm mitleidig hinterher. Sie schwiegen alle. Der Zug hielt. Es war Tapa, eine Bahnstation zwischen Tallinn und Kohtla-Järve.

«Ich muss nicht in Tapa aussteigen», wehrte sich Wanja. Er versuchte sich aus dem Griff Kossygins zu befreien, aber es gelang ihm nicht. Dieser schleppte den jungen Mann den Gang entlang bis zum Ausgang. Hier warteten zwei Milizmänner an der Tür auf ihn.

«Hier habt ihr einen. Der will nach Tallinn», sagte Kossygin und schubste Wanja aus der Tür. Dieser flog kopfüber in die Hände der Milizionäre.

Als Wanja wieder gerade auf den Beinen stand, sah er die beiden Männer fragend an. «Sie sind vorläufig festgenommen», erwiderte einer der beiden seinen fragenden Blick.

«Und warum?», fragte Wanja zurück. «Was habe ich verbrochen?»

«Das haben wir schon im Zug diskutiert», hörte Wanja

die schrille Stimme Kossygins aus der Tür des Eisenbahnwagens. Seine Worte wurden von der Bahnhofsansage übertönt: «Der Schnellzug Leningrad-Tallinn fährt ab. Türen schließen. Vorsicht bei der Abfahrt.» Dann setzte sich der Zug in Bewegung – ohne Wanja.

Wanja schaute dem Zug hinterher und konnte noch lange den dicken Kopf Kossygins an einem der Fenster sehen.

«Kommen Sie mit, Bürger!» Die Stimme des Milizionärs riss Wanja aus dem Schock über das eben Passierte.

Wanja folgte gehorsam. Dass der Polizist ihn mit Bürger und nicht wie üblich mit Genosse ansprach, verhieß nichts Gutes. So redete man nur potenzielle Verbrecher an. Was würde jetzt passieren? Noch nie war er, Wanja, in einer solchen Situation allein gewesen. Wie sollte er sich benehmen? Was sollte er auf jeden Fall verschweigen? Angst stieg in ihm hoch. Er hatte viele Geschichten von Verhaftung und Folter gehört. Sein Mentor, Bruder Kolja, hatte wegen seines Glaubens mehrere Jahre im Gefängnis verbracht. Wanja kannte auch andere Menschen, die für Jesus leiden mussten, und wie alle anderen Protegés von Bruder Kolja träumte auch er von dem Tag, an dem er von Jesus für würdig geachtet würde, für ihn zu leiden. Aber sollte es denn wirklich schon jetzt sein?

«Wenn du verhaftet wirst, dann ist die wichtigste Regel, Ruhe zu bewahren. Es lohnt sich nicht, sich selbst mit Vermutungen zu quälen, die am Ende sowieso nicht stimmen. Der Teufel setzt uns diese in den Kopf. Er will uns die schlimmsten Visionen von dem, was uns erwartet, ins Herz malen. Dabei kann es viele, sehr viele Gründe geben, warum man verhaftet wurde. Es kann sich einfach um ein Missverständnis handeln. In unserem Land verhaftet man täglich Tausende von Menschen. Also: Ruhe bewahren. Die Miliz hat das Recht, jeden Verdächtigen festzunehmen. Und wenn du dich normal benimmst, lassen sie dich eventuell auch wieder frei.»

Deutlich hörte Wanja die Worte. Es war die Stimme Bruder Koljas. Vor wenigen Wochen hatte er es im Jüngerschaftskreis erzählt. Und jetzt erinnerte sich Wanja genau an das, was sein Mentor gesagt hatte.

«Sie bringen euch in einen leeren Raum, dann nehmen sie eure Identität zu Protokoll und versuchen diese zu überprüfen. Sie werden euch Fragen stellen, beginnend mit Erkundigungen allgemeiner Art: Wo wohnst du, wie heißen deine Eltern, was machst du beruflich? Et cetera. Das alles ist Routine und stellt keine Gefahr dar. Erst wenn die Beamten anfangen, euch nach Glaubensfragen abzuklopfen, wird es problematisch. Lasst euch dann von Gott führen, was ihr sagt und was nicht. Er hat es uns doch deutlich versprochen.»

Als hätte Wanja diese Worte alle einmal auswendig gelernt – sie kamen ihm jetzt wortwörtlich wieder in den Sinn. Bruder Kolja zitierte aus dem Lukas-Evangelium 21,12–19. Da heißt es:

«Aber vor diesem allen werden sie Hand an euch legen und euch verfolgen, und werden euch überantworten den Synagogen und Gefängnissen und euch vor Könige und Statthalter führen um meines Namens willen. Das wird euch widerfahren zu einem Zeugnis. So nehmt nun zu Herzen, dass ihr euch nicht vorher sorgt, wie ihr euch verantworten sollt. Denn ich will euch Mund und Weisheit geben, der alle eure Gegner nicht widerstehen noch widersprechen können. Ihr werdet aber verraten werden von Eltern, Brüdern, Verwandten und Freunden; und man wird einige von euch töten. Und ihr werdet gehasst sein von jedermann um meines Namens willen. Und kein Haar von eurem Haupt soll verloren gehen. Seid standhaft, und ihr werdet euer Leben gewinnen.»

Waren das Worte!

«Dass ich sie so behalten habe?», wunderte sich Wanja. «Oder ist es der Heilige Geist, der sie mir gab?»

«Da sind wir, Bürger», unterbrach der älter aussehende Polizist seine Gedanken, «nimm Platz.»

Wanja setzte sich. Der Beamte holte einen Schreibblock aus der Schublade, setzte sich gemächlich hin, fuhr sich mit seiner großen und recht geschundenen Hand durchs halbergraute Haar und nahm dann Wanja ins Visier. Für einige Augenblicke schwiegen beide.

«So-so, du willst also nach Tallinn?»

«Ja, Genosse Milizionär. Ich will nach Tallinn.»

«Und was willst du da, mein Junge?»

«Ich habe einen Termin an der Technischen Hochschule. Ich will mich erkundigen, ob ich da nicht nächstes Jahr ein Studium beginnen kann. Und dann will ich ein paar Freunde besuchen», antwortete Wanja.

«Freunde also. Man kann ganz unterschiedliche Freunde haben, stimmt's, Maxim?» Der Polizist schaute vielsagend zu seinem in der Ecke sitzenden Kollegen hinüber.

«Stimmt, Tammo, stimmt.»

Die Erwähnung des Vornamens des Beamten beflügelte Wanja. Er wurde also von einem Esten befragt. So schlimm würde es demnach nicht werden.

«Stimmt, Genosse Tammo», bestätigte Wanja, «aber ich habe nur gute Freunde.»

«Sagen sie alle, mein Junge, alle. Wie ist dein Name?»

«Wanja Richter», antwortete er und setzte dann aber nach: «Zu Hause nennen sie mich aber Hans. Ich bin deutschstämmig, wissen Sie.»

«Na, so etwas. Bei uns in Estland und Deutscher. Kommst du auch aus Kasachstan?»

«Ja, Genosse Milizionär.»

«Und hast du auch schon mal für die Freiheit der Deutschen demonstriert? Willst du deshalb nach Tallinn?»

Wanja wusste, wovon der Beamte sprach. Sein eigener Vater trat aktiv für die Rechte der deutschen Bevölkerung im Land ein. Es sollte gar ein Komitee zur Verteidigung der Rechte der Deutschen in der Sowjetunion gegründet worden sein. Man pochte auf die entsprechenden Positionen des in Helsinki unterzeichneten Abkommens zur Sicherheit und Zusammenarbeit in Europa. Die Sowjetunion hatte dieses Abkommen ebenfalls unterschrieben. Und jetzt fühlten sich mutige Vertreter unterschiedlicher Minderheiten im Land ermutigt, die darin verbrieften Grundrechte von der Regierung einzufordern. In mehreren Städten Estlands hatte es bereits Demonstrationen der Deutschen gegeben. Aber er, Wanja, war bis jetzt bei keiner gewesen. Und so sagte er sicher: «Nein, ich bin bei solchen Veranstaltungen noch nie gewesen. Warum sollte ich auch?»

«Warum, warum? Weiß ich das? Ich bin ja kein Deutscher. Ihr Deutschen demonstriert ja.»

Wanja schwieg.

«Wie alt bist du?», fragte der Beamte weiter. Er nahm Wanjas Personalien auf, und dann fragte er völlig überraschend: «Glaubst du an Gott?»

Wanja hatte nach der Befragung zu seinem Deutschsein mit nichts Problematischem mehr gerechnet. In Tallinn sollte wohl wieder eine Demo der Deutschen stattfinden, das KGB hatte davon Wind bekommen, und jetzt nahmen sie alle Deutschen mit Ziel Hauptstadt aus dem Verkehr. Über so etwas hatte sein Vater mehrmals berichtet.

«Was soll ich?», fragte Wanja verdutzt nach.

«Ob du an Gott glaubst, fragte ich.»

«Ja, ich glaube. Wir Deutschen glauben alle», antwortete Wanja stotternd.

«Bist du Baptist?»

«Jetzt hat er mich», durchschoss es Wanja. Er bekam Angst.

«Was meinen Sie damit?» Er versuchte Zeit zu gewinnen, um zu sich selbst zu kommen. Er erinnerte sich an die Worte Bruder Koljas: «Zögert das Gespräch hinaus, versucht, vom Eigentlichen abzulenken.»

«Was ich meine? Ob du zu den Baptisten gehörst, frage ich dich.»

«Wer ist das?», lenkte Wanja wieder ab.

«Nun stell dich nicht so blöd, junger Mann. Wir wissen, dass du die baptistische Kirche besuchst. Also sei so gut und zieh die Kuh nicht am Schwanz.»

«Sie meinen wahrscheinlich die Evangeliums-Christen-Baptisten.»

«Ja, die meine ich. Und, gehörst du dazu?»

«Ja», antwortete Wanja knapp.

«Warum nicht gleich so? Und was willst du als Baptist in Tallinn?»

«Ich habe es schon gesagt – zuerst die Technische Hochschule und daraufhin gegebenenfalls auch ein paar gute Freunde besuchen.»

«In der Oleviste, was?»

«Sie meinen in der Gemeinde Oleviste?»

«Ganz recht so, mein Junge. Wolltest du dahin?»

«Ich wäre wahrscheinlich hingegangen.»

«Und genau deshalb haben wir dich aus dem Zug geholt. Wir finden, dass das, was da in der Oleviste passiert, eine Massenvolksverdummung darstellt. Und unsere Anweisung ist, Menschen davon fernzuhalten. Nicht, dass du uns demnächst auch als ‹wundersam Geheilter› in Kohtla-Järve für Aufruhr sorgst.»

«Was ist denn in der Oleviste-Kirche los?», fragte Wanja neugierig.

«Das weißt du sicher besser. Und jetzt kauf dir an der Kasse eine Fahrkarte zurück nach Kohtla-Järve, und wage es nicht, auf anderen Wegen nach Tallinn zu gelangen.»

Wanja begab sich gehorsam zur Kasse, kaufte einen Fahrschein und sorgte dafür, dass er einen Platz in Reisewagen Nummer sieben bekam. Es gab noch viele freie Sitze.

Bis zur Abfahrt des Zuges waren es noch zwei Stunden. Wanja suchte sich einen stillen Platz im Park in der Nähe des Bahnhofs und dankte Gott für die besondere Erfahrung. Es war nichts Tragisches passiert, außer dass er nicht nach Tallinn fahren konnte. Dafür hatte Gott ihm gezeigt, dass in der estnischen Baptistengemeinde etwas so Mächtiges im Gange war, dass die sowjetische Miliz sich offensichtlich genötigt sah, gläubige Menschen aus den Zügen zu holen, um ihnen den Zugang zur Oleviste-Gemeinde zu verwehren.

Wanja dankte Gott, und immer größer wurde in ihm der Wunsch zu erfahren, was denn nun in der alten Olai-Kirche wirklich passierte. Er bewegte die Sache in seinem Herzen hin und her und beschloss schlussendlich, in Rakvere Halt zu machen und Pastor Attila Arpad zu konsultieren. Wer, wenn nicht er, würde wissen, was in Tallinn los war?

Der Gedanke an eine Begegnung mit Bruder Arpad erwärmte sein Herz.

Attila Arpad war ein außergewöhnlicher Mensch. Nicht nur sprach er mehr als zwölf Sprachen fließend, beschäftigte sich mit den finnisch-ugrischen Völkern, zu denen ja auch die Esten gehörten, Arpad war auch ein leidenschaftlicher Briefmarkensammler. Wanja hatte ihn vor etwa zwei Jahren kennengelernt. Seine Tante Klara arbeitete ehrenamtlich in Arpads Büro und beantwortete die vielen Hunderte von Briefen. Er selbst kam schon lange nicht mehr damit nach, den Menschen aus dem ganzen Land zu antworten. Neben Tante Klara halfen noch mehrere andere Personen dabei aus, die Flut an Korrespondenz zu bewältigen.

Eines Tages hatte Tante Klara Wanja und seine Eltern ins Haus Arpads mitgenommen. Wenige Wochen zuvor hatte Wanja seine umfangreiche Briefmarkensammlung verschenkt. Ein lieber Bruder in der Gemeinde hatte ihm dazu geraten. «Wo dein Schatz ist, da ist auch dein Herz», hatte er ihm gesagt und damit die Worte Jesu in der Bergpredigt aus Matthäus 6,21 zitiert.

«Dein Schatz sind die Briefmarken. Wenn du sie nicht loswirst, wird dein Herz nie ganz Jesus gehören», sagte er.

Das waren schwerwiegende Worte, und Wanja nahm sie ernst. Erst dachte er daran, die Briefmarkensammlung zu verbrennen. Aber diese vielen kleinen Schätze, die er so viele Jahre seines Lebens gesammelt hatte, machten ihm einen derart brutalen Akt nicht möglich. Jede seiner Briefmarken hatte eine eigene Geschichte. Einige hatte er gekauft, aber die meisten hatte er von seinen Brieffreunden in der Tschechei und in der DDR erhalten. Sie alle zu verbrennen, das brachte er doch nicht übers Herz. Am Ende schenkte er die Sammlung einem Freund. Die Erleichterung war groß, aber die Wehmut blieb.

Der radikale Bruder hatte wieder eine Erklärung. Es sei halt die Welt, die einen nicht so leicht freigeben wolle.

Als Wanja dann ein paar Wochen später in Arpads Haus kam und dieser ihm seine große Briefmarkensammlung zeigte, war er mehr als erstaunt. Ein Pastor mit einer Briefmarkensammlung? Wie sollte so etwas gehen? Arpad ahnte wohl Wanjas Frage, jedenfalls zeigte er ihm seine Marken und führte ihn dann zu einem ganz besonderen Schrank.

«Hier liegen meine kleinen Evangelisten», sagte er.

Es waren Briefmarken mit christlichen Motiven. Viele, sehr viele, und sie kamen aus allen möglichen Ländern.

«Wie meinen Sie das mit den Evangelisten?», fragte ihn Wanja verdutzt.

«Schau, ich bin Mitglied im Estnischen Nationalen Philatelistenverband. Jeden Monat treffen wir uns im lokalen Zweig dieses Verbandes zum Gespräch über Briefmarken. Da ich die meisten habe, bin ich ein geschätzter Gesprächspartner. Und weil ich viele Freunde in Dutzenden von Ländern habe, besitze ich auch etliche Briefmarken mehrfach. Nichts schätzt ein Sammler höher als eine wertvolle Briefmarke.»

«Verstehe. Und so haben Sie Freunde gewonnen, die Ihnen zuhören.»

«Gut erfasst, mein Junge. Und wenn ich genug Vertrauen finde, dann lade ich sie zum Abend über Briefmarken mit christlichen Motiven ein. Sie kommen, und ich brauche nur die Motive zu erklären. So kommt das Evangelium auch zu ihnen. Einfach und ohne Zwang. Überhaupt sollte man nie Menschen zum Glauben zwingen. Wenn Menschen uns nicht vertrauen, so werden sie auch Gottes Wort wenig vertrauen. Wir sind es doch, die das Evangelium verkörpern.»

Das klang für Wanjas Ohren etwas zu hoch und doch irgendwie richtig. Er erzählte Arpad noch in der gleichen Stunde seine eigene Geschichte mit den Briefmarken.

«Schade», antwortete dieser nur. «Meine russischen Brüder sind manchmal zu vorschnell in ihrem Urteil. Radikale Lösungen sind gut, aber nur, wenn sie weise gehandhabt werden. Übrigens, vielleicht ist es für dich ja wirklich besser so. Ich meine, ohne Briefmarkensammlung. Nimm es vom Herrn.»

So war er, Pastor Arpad. Offen und doch immer wieder um die pastorale Fürsorge bemüht. Menschen gingen aus seinem Haus immer getröstet und ermutigt hinaus. Ärger, Kampf, Unfrieden duldete er nicht. Und wenn Menschen mit finsterer Laune zu ihm kamen, so dauerte es nicht lange und er fand einen Weg, sie doch positiv zu stimmen. Arpad war das, was man einen Friedensstifter nennt. Ja, das war er!

Damals bei seinem ersten Besuch im Hause Arpad erteilte dieser Mann Wanja noch eine zweite Lektion. Es war Frühling, und die Esten feierten überall im Land ihre Sängerfeste. Nichts ist für diese Kultur von so großer Bedeutung wie das Lied. Jedes Dorf hat seinen eigenen Gesangsverein. Viele Firmen, solange sie aus estnischen Mitarbeitern bestehen, organisieren Chöre. Und natürlich hat jede größere Stadt einen eigenen Chor. Im Frühling ziehen dann die Menschen durch ihre Städte zu Parks, wo die Chöre auftreten. An einem solchen Sonntag besuchten die Richters die Familie Arpad. Gegen vierzehn Uhr erhob sich Arpad plötzlich vom Tisch, an dem er seine Gäste unterhielt, und entschuldigte sich für ein paar Minuten.

«Ich sollte einfach mal bei meinem Volk sein», sagte er und ging hinaus. Wanja folgte ihm.

Draußen zog eine fröhliche Menschenmenge am Haus vorbei. Arpad winkte ihnen zu, und viele winkten zurück.

«Kennen Sie diese Menschen?», fragte ihn Wanja.

«Viele kenne ich. Die Meisten kennen mich. Es ist mein Volk. Man hat ihnen das Meiste genommen. Nur Lieder, Lieder kann man dem Volk nicht nehmen», antwortete er.

«Aber es sind doch Ungläubige», entgegnete Wanja.

«Das stimmt, mein Junge. Heute sind es die Meisten. Leider. Aber wenn sie in uns Christen keine Freunde finden, bleiben sie es für immer. Ich wäre am liebsten jetzt bei ihnen auf dem Gesangsfeld.»

«Aber sie singen doch keine christlichen Lieder», wandte der verdutzte Wanja wieder ein.

«Was ist denn in Liedern über Gottes herrliche Schöpfung, über das Leid des Volkes, über Sehnsucht nach Liebe und Treue falsch? Nein, sie singen noch nicht vom Erlöser. Aber sie besingen schon so viel von seinem Werk. Da kann man nicht einfach gleichgültig sein», sagte Arpad und tauchte in der Volksmenge unter. Wanja sah ihm zu, wie er die Menschen umarmte und ihre Hände schüttelte.

«Der wird von diesen Menschen geliebt», dachte Wanja.

Im nächsten Augenblick war Arpad wieder bei Wanja.

«Diese arme Frau da. Siehst du sie? Line heißt sie. Sie hat ihren Mann erst vor einem Monat verloren. Er hat sich totgesoffen. Jetzt ist sie allein mit ihren vier Kindern. Wir müssen ein paar liebe Schwestern in der Gemeinde finden, die ihr im Haushalt helfen.»

«Ist sie gläubig?», fragte Wanja wieder einmal.

«Sie besucht manchmal die lutherische Kirche. Ich glaube schon, dass sie an Gott glaubt. Wiedergeboren ist sie allerdings noch nicht, wenn du das meinst, Wanja.»

In diesem Moment verließ ein verwahrlost aussehender Mann den Festzug.

«Grüß dich, Pastor», schrie er laut auf Estnisch. Er torkelte langsam auf Arpad und Wanja zu. Der Mann stank. Leute wandten sich von ihm ab. Aber Arpad nahm ihn in den Arm.

«Dir geht es nicht gut, Arno, stimmt's?», fragte er den Mann. Dieser wackelte nur heftig mit dem Kopf.

«Plagen dich wieder die Träume?» Der Mann neigte seinen Kopf als Zeichen des Einverständnisses.

«Du solltest duschen, Arno, und dann kannst du zum Sängerfest kommen. So werden die Menschen dich nur meiden. Soll ich dich zu deinem Haus bringen? Und am Montag reden wir, in Ordnung?»

«Gut, Pastor, ich kann noch selber gehen. Ich geh dann kurz nach Hause und ziehe mich um.»

Der Mann ging.

«Der arme Arno. Er hat fast zwanzig Jahre in Sibirien verbracht, in den GULAG-Lagern und später in der Verbannung. Man muss ihn unmenschlich behandelt haben. Seit seiner Rückkehr trinkt Arno phasenweise. Aber er ist ein guter Mensch. Ich habe schon oft mit ihm gebetet.»

Wanja fragte nicht mehr, ob Arno Christ war. Er war es offensichtlich nicht. Und trotzdem kümmerte sich Pastor Arpad um ihn.

«Warum machen Sie das alles?», fragte Wanja ihn, als sie wieder zurück in die Wohnung gingen.

«Sag mir, mein Lieber, was soll ich denn sonst machen? Ich bin schließlich Pastor.»

«Aber Pastoren sind doch für ihre Gemeinden da?!»

«Schon, Wanja, die Gemeinde aber ist für die Welt da. Wo sonst sollten wir Gemeinde bauen? Wen sollten wir evangelisieren, wenn es nicht solche Menschen wie Arno gäbe? Wem sollten wir Gottes Liebe zeigen, wenn nicht der Line und ihren vier Kindern? Sieh, deshalb bin ich als Gemeindepastor auch *ihr* Pastor.»

Wanja saß auf seiner Bank im Park in Tapa, und die guten Erinnerungen an den Besuch bei Attila Arpad stürmten regelrecht auf ihn ein. Dann auf einmal stand ihm die Abschiedsszene im Hause Arpad vor Augen. Der kleine, fast schon kahlköpfige Mann drückte Wanja an sich und sagte leise, so als wollte er, dass es nur Wanja hörte: «Menschen begegnen uns nie zufällig, Gott führt uns diese zu.»

Wanja lächelte. Wie Recht er doch hatte, dieser beeindruckende Mann!

Dann waren die Erinnerungen an Arpad weg. Wanja

sah sich um. Er saß in Tapa fest. Man hatte ihn aus dem Zug geholt, weil er Kossygin getroffen hatte. Sollte diese Geschichte einen Sinn ergeben? Einen Sinn in Gottes Vorstellung? Und wenn ja: Welchen?

Er schaute auf die Uhr. Bis zur Abfahrt des Zuges waren keine zehn Minuten geblieben. Er musste zurück zum Bahnhof.

Hier angekommen, sah er nach, ob er in Rakvere einen Zwischenstopp einlegen konnte, und fand heraus, dass das wohl nur mit Übernachtung möglich wäre. Sollte er es wagen und Arpad und seine Frau Linda überraschen? Tief in seine Gedanken versunken bestieg er den pünktlich eingefahrenen Zug. Erst im Wagen fand er wieder zu sich zurück.

– 2. –
Alle wollen zur Oleviste-Kirche

Wie gewohnt schritt Wanja den Wagen Nummer sieben ab und pfiff dabei eine bekannte christliche Melodie. Schon beim zweiten Abteil winkte ihm eine junge Frau zu. Das Abteil war jedoch voll, und so ging Wanja weiter. Auch im nächsten und übernächsten Abteil winkten ihm Menschen zu. Heute fuhren offensichtlich viele Christen mit. An seinem Platz angekommen, entdeckte Wanja auch hier ein paar Christen.

Jetzt begann eine große Platztauschaktion. Bald hatten die Christen das Abteil für sich. Man stellte sich vor. Sie alle kamen aus dem Nordwesten der Sowjetunion. Einer sogar aus Murmansk. Er hieß Sergej.

«Die Miliz hat mich vor der Oleviste-Kirche abgefangen. Ich habe mich nur für ein paar Minuten in eine Nebengasse begeben, um meinen Rucksack zu ordnen. Da waren sie plötzlich da», berichtete er.

«Mich haben sie aus dem Bus in Kalvi geholt. Irgendwie müssen sie es an meinem Verhalten gemerkt haben, dass ich Christ bin», sagte Tatjana. Sie kam aus Leningrad. «Bei uns in Leningrad erzählt man von den großen Heilungswundern, die in der Oleviste passieren. Ich bin seit Jahren unheilbar an Knochenschwund erkrankt. Da dachte ich, ich fahre mal nach Tallinn. Gott kann doch auch mich heilen. Aber die wachsame Verhinderungsmiliz unseres gottlosen Staates hat alles zunichtegemacht.» Ihr standen die Tränen in den Augen.

Auch Valentina weinte. Sie kam aus Nowgorod, der berühmten alten Stadt am Wolchow. «In unserer Baptistengemeinde redet man nicht über Heilung, man sagt sogar, dass Heilung nur bei Pfingstlern vorkommt, und die seien ja alle ganz falsch. In der Oleviste-Gemeinde gibt es ja auch Baptisten. Da entschloss ich mich, ebenfalls nach Tallinn zu fahren. Eine Schwester aus unserer Gemeinde ist hier gewesen. Gott hat sie total verändert. Ich habe eine unheilbare Hautkrankheit. Es wäre so schön, wenn der Herr mich heilen würde.»

Wanja hörte den Geschichten seiner mitreisenden Glaubensgeschwister zu und wunderte sich. Er war der Einzige, der aus Estland kam. Zwischen Kohtla-Järve, seiner Heimatstadt, und Tallinn lagen keine zweihundert Kilometer. Seine Gemeinde gehörte jahrelang zum Bund der Evangeliums-Christen-Baptisten-Gemeinden, genauso wie Oleviste. Und trotzdem wusste er nichts von all diesen herrlichen Geschichten. Nichts hatte er sich sehnsüchtiger gewünscht, als einmal Wunder im Vollzug zu erleben.

Schon damals, als er zum ersten Mal das Neue Testament gelesen hatte, fielen ihm diese Worte Jesu auf: «Wer an mich glaubt, der wird die Werke auch tun, die ich tue, und er wird noch größere als diese tun.» Immer wieder hatte er versucht, auch selbst einmal um ein Wunder zu bitten. Einmal lief er hinter dem Leichenwagen eines lieben und viel zu früh verstorbenen Bruders her und befahl dem Leichnam leise, dieser sollte aufstehen. Aber leider passierte nichts. Der Mann wurde beerdigt, und Wanja hatte für Wochen eine Glaubenskrise. Andere ähnliche Geschichten passierten. Aber ein Wunder außerordentlicher Art war nie zu verzeichnen.

Sicher, es gab auch in seinem Umfeld Menschen, die von Wundern Gottes sprachen. Elisabet war zum Beispiel so ein Mensch. Sie reiste viel im Land herum, und wenn sie dann nach Kohtla-Järve zurückkehrte, dann gab es Geschichten. Kleinere Gebetserhörungen gab es auch im Leben von Wanja, aber waren das Wunder? Neugierig fragte er die Mitglieder seiner Gemeinde, was sie denn so alles an Wundern, die Jesus den Gläubigen verheißen hatte, erlebt hatten. Aber ihre Antwort war stets die Gleiche: «Das war damals. Jesus meinte damit nicht uns, sondern seine Apostel.»

Und dann folgte eine recht lange Begründung dieser weit verbreiteten Meinung, die besagt, dass die Zeichengaben des Geistes und damit auch alle entsprechenden Handlungen mit der Festlegung des Textes des Neuen Testaments aufhörten. Sogar Elisabet wusste nicht so recht, was sie sagen sollte. Wanja kam diese Antwort ziemlich unbefriedigend vor. Aber er war ein junger Christ, und die Erklärungen seiner geistlichen Lehrer nahm er ohne Widerspruch an.

Und jetzt das. Es gab einen besonderen Aufbruch in Tallinn. Warum sagte niemand etwas in der Gemeinde? Hatten die Leiter der Gemeinde die Ereignisse in der

Oleviste bewusst verschwiegen? Merkwürdige Gefühle stiegen in Wanja hoch. Warum würde sein verehrter Mentor, Bruder Kolja, so etwas Wichtiges verschweigen? Was die Glaubensgeschwister hier im Zug erzählten, klang nach einem mächtigen Wehen des Geistes. Betete man in der Gemeinde denn nicht genau darum?

«Und woher kommst *du?*», holte ihn Sergej aus Murmansk aus seinen Gedanken.

«Ich? Ich komme aus Estland. An der übernächsten Bahnstation werde ich aussteigen. Kohtla-Järve heißt unsere Stadt.»

«Aus Estland? Dann weißt du ja mehr als wir alle. Erzähl es uns!», bat ihn Tatjana aus Leningrad.

«Ich muss gestehen, bei uns in der Gemeinde wurde nichts über eine Erweckung in der Baptistengemeinde Oleviste erzählt. Ich selbst bin zwar durch den Hauptpastor dieser Gemeinde, Bischof Tamm, zum Glauben gekommen, aber wir hatten vor einem Jahr eine Teilung in der Gemeinde und sind dann aus dem Bund ausgetreten. Irgendwie erreichen uns nicht mehr alle Nachrichten.»

«Bist du jetzt ein Abgeteilter?», fragte Sergej.

Abgeteilte nannte man die Gemeinden, die sich 1961 vom Allunionsrat der Evangeliums-Christen-Baptisten (AURECB) getrennt und im Untergrund den sogenannten Rat der Kirchen gegründet hatten. Wanja kannte Gläubige in seiner Stadt, die sich in einer solchen Gemeinde trafen. Sein Mentor Bruder Kolja kam ebenfalls aus diesen Gemeinden.

«Die Abgeteilten glauben, dass die Erweckung in der Oleviste-Kirche vom Teufel ist. Ihnen passt die laute und moderne Musik im Gottesdienst nicht, und überhaupt lehren sie, dass die Zeichen und Wunder nur in der Zeit der Apostel möglich waren», erklärte Sergej noch zur Verdeutlichung.

«Ich bin kein Abgeteilter, aber ich kenne viele gute Brüder aus dieser Bewegung. Grigori Hamm ist ein solcher Mann. Er kann predigen! Viele Menschen in unserer Gemeinde haben durch seine Predigten ihr Leben Jesus gegeben. Unsere Gemeinde gehört zum Bund der Methodisten, obwohl wir Baptisten geblieben sind. Wir wollten nicht in den Untergrund, aber in der Baptistengemeinde konnten wir auch nicht bleiben.»

«Und warum?», wollte die hochgewachsene Galina wissen. Sie stammte aus Mittelasien, war zu Besuch bei Tatjana in Leningrad und hatte sich dieser bei ihrer nun misslungenen Fahrt nach Tallinn angeschlossen.

«Das ist eine lange Geschichte. Unser Pastor, ein Este, arbeitete eng mit der Staatssicherheit zusammen. Und dann fanden bei uns in der Gemeinde so viele faszinierende Dinge statt, da sah er keinen anderen Weg mehr, dem Druck zu entgehen, als kurzerhand die Jugendarbeit sowie den Gottesdienst in deutscher Sprache zu verbieten, und auf Russisch durften junge Leute auch nichts mehr tun.»

«Und das soll der Gemeinde gefallen haben?», wunderte sich Sergej.

«Nein, natürlich nicht. Wir setzten den Pastor mit etwa achtzig Prozent der Stimmen in der Gemeindestunde ab. Er beschwerte sich in Moskau. Der Bund schickte dann den Leiter der pastoralen Kommission, Pastor Tschirikin, zu uns. Und in der darauf folgenden Gemeindeversammlung bestätigte der Moskauer Abgesandte unseren Pastor. Die Proteste der Gemeindeglieder wurden beiseite geschoben, die angeblichen Rädelsführer wurden des Ungehorsams gegenüber dem Staat sowie gegenüber dem Pastor beschuldigt. Man klagte sie an, sich den Autoritäten nicht unterstellen zu wollen. Tschirikin ließ überhaupt nicht mit sich reden, auch nicht, als mehr als achtzig Prozent der Mitglieder drohten, die Gemeinde zu verlassen. So kam es zur Trennung. Wir wären wahrscheinlich zu den Abgeteilten gegangen. Jedenfalls gab es da viele Gespräche, soviel ich weiß. Aber unseren Brüdern waren die Führer der Abgeteilten zu politisch.»

«Schade, dass so etwas möglich ist. Bei uns in Murmansk wäre nichts Vergleichbares denkbar gewesen. Unser Ältester ist wahrscheinlich der Staatsfeind Nummer eins!»

«Wanja, erzähl doch bitte. Was habt ihr alles gemacht? Was hat die Staatssicherheit so verärgert?» Tatjana, die Leningraderin, wollte mehr wissen. «Ich lebe so nah an Kohtla-Järve, und das Einzige, was ich von dieser Stadt kenne, ist Ölschiefer.»

«Was, bitte?» Sergej verstand nicht.

«Sie sagte Ölschiefer. Es sind Gesteine, aus denen man bis zu einhundert unterschiedliche Produkte herstellt. Unter anderem auch Gas. Von Kohtla-Järve aus wird Leningrad mit Gas beliefert. Allein im Hauptkombinat unserer Stadt arbeiten 34 000 Menschen. Das ist eine Stadt für sich. In Kohtla-Järve riecht es immer nach einer Chemiefabrik. Man erzählt sich bei uns den folgenden Witz: Zwei Typen aus Kohtla-Järve wurden von den Faschisten in die Gaskammer gebracht. Nach einer Weile öffnete der diensthabende Soldat die Tür und erschrak. Die Typen saßen gemütlich da und spielten Karten. ‹Was macht ihr hier?›, fragte der Soldat, ‹so etwas hat noch niemand überlebt.› – ‹Tut uns leid, Wachtmeister›, antwortete einer von ihnen, ‹aber wir sind das gewohnt: Wir kommen aus Kohtla-Järve.›»

Alle lachten.

«Schaut da. Da sieht man die gewaltigen Halden. Wir nähern uns meiner Stadt. Auf die Halden schüttet man sogenannte Reststoffe. Wenn man Ölschiefer verarbeitet, bleiben Reste zurück. Man sagt, die Japaner haben unserer Regierung angeboten, diese Halden abzutransportieren. Sie vermuten auf ihnen die gesamte Mendelejew-Tabelle an chemischen Substanzen. Wahre Schätze an Reststoffen sollen hier zu finden sein. Und …»

Wanja unterbrach seine Erklärung, sah alle an und schlug dann völlig unerwartet vor: «Wie wäre es, wenn ihr alle mit mir mitkommt und bei uns übernachtet, und morgen versuchen wir, mit dem Auto nach Tallinn durchzukommen? Heute ist Freitag. Wir treffen uns jeden Freitag zum Gebet für Erweckung in der Wohnung von Schwester Elisabet. Sie ist eine überaus begabte Evangelistin.»

«Warte mal, hast du Elisabet gesagt? Meinst du etwa die Elisabet Bulgakowa?», fragte Valentina, die bis jetzt geschwiegen hatte.

«Ja, genau die. Kennst du sie?»

«Und ob. Die war neulich bei uns im Gottesdienst. Sie durfte zwar nicht predigen, aber die Brüder baten sie um ein Zeugnis. Ich habe noch nie in meinem Leben eine so starke Predigt gehört. Und das von einer Frau. Bei uns dürfen Frauen ja nicht predigen.»

Valentina strahlte.

Währenddessen fuhr der Zug in die Bahnstation ein.

«Also, wer mitkommen will, der sollte sich jetzt entscheiden.» Wanja stand auf.

Mit ihm erhoben sich weitere vier Leute, Sergej, Valentina, Juri und Ljuba. Die Letzteren hatten am Gespräch nicht teilgenommen, wollten jetzt aber mit. Sie kamen aus Iwangorod, der Grenzstadt zwischen Estland und Russland. Auch sie hatten vor, am Sonntag den Gottesdienst in der Oleviste-Kirche zu besuchen. Auch sie waren unterwegs gestoppt worden.

«Wir haben Zeit und wollen es noch einmal versuchen.»

Die fünf verabschiedeten sich von den übrigen und verließen den Zug.

Wanja hatte kaum seinen Fuß auf den Bahnsteig gesetzt, da erblickte er Kossygin. Er hatte offensichtlich den gleichen Zug genommen, um aus Tallinn zurückzukehren. Hastig drehte er sich zu den anderen vier um und zischte zu ihnen rüber: «Folgt mir unauffällig. Wir werden beobachtet.» Dann ging er langsam, aber sicheren Schrittes auf Kossygin zu. Dieser hatte wahrscheinlich zu viel getrunken. Er konnte sich kaum auf den Beinen halten. Torkelnd versuchte er seinen schweren Körper in Bewegung zu bringen.

«Auch wieder zurück?», rief Wanja ihm beim Vorbeigehen zu.

«Du bist das. Fahre nicht nach Tallinn, hörst du. Ich warne dich.»

Wanja hörte seine Worte, aber er achtete kaum noch auf Kossygin. Der Mann war außer Gefecht. «Der Teufel geht am schlimmsten mit seinen Agenten um», erinnerte er sich plötzlich an die Worte seines Mentors Bruder Kolja. «Wie wahr», dachte Wanja.

Er freute sich über den vergangenen Tag. Gott hatte ihn wichtige Wahrheiten gelehrt. Er hatte neue Freunde gefunden, und morgen würde er alles versuchen, um nach Tallinn durchzukommen. Nach einigen hundert Metern drehte er sich um.

Seine vier Freunde folgten ihm.

– 3. –
Valentinas Heilung

Schwester Elisabet lebte in einer kleinen Zweizimmerwohnung ganz in der Nähe des Kinotheaters Pobeda, was so viel wie «der Sieg» heißt. Der Platz um das Kino war in mancherlei Hinsicht ein zentraler Ort dieser industriellsten und bei weitem sowjetischsten Stadt Estlands. Mit 90 000 Einwohnern die zweitgrößte Stadt der Republik, wuchs sie vor allem aufgrund der vielen Einwanderer aus anderen Teilen der Sowjetunion.

Die Absichten der Moskauer Machthaber waren leicht zu durchschauen. Hier wurde eine «russische Stadt» geschaffen, die zum industriellen Herzen Estlands werden sollte und somit die wirtschaftliche Macht an der einheimischen Bevölkerung vorbei in die Hände der nicht-estnischen Bevölkerung konzentrierte. Um ihr Ziel zu erreichen, legten die Sowjets eine Reihe kleinerer Städte und Dörfer zur Stadt zusammen. Nicht nur die beiden Städte Kohtla und Järve wurden so zusammengelegt. Dazu gehörten auch die ehemalige Kreisstadt Jõhvi, Kiviõli, Püssi und andere Orte.

So entstand Kohtla-Järve, und hier, vom Kino Pobeda aus, fuhren nicht nur Busse in alle Himmelsrichtungen ab, hier starteten auch alle kommunistischen Demonstrationen. Wie kein anderer Platz symbolisierte er den sowjetischen Charakter all dessen, was seit 1946 – dem Jahr der Gründung dieses städtischen Gebildes, genannt Kohtla-Järve – mit der Stadt passierte. Alte Traditionen wurden ausradiert und jener berühmt-berüchtigte sozialistische Beton-Realismus verwirklicht. Wer von den hier heute lebenden Menschen ahnte schon, dass Teile ihrer Stadt bereits seit dem 13. Jahrhundert existierten und einmal eine reiche Kultur besessen hatten? Niemand.

Und so und nicht anders wollten es die Machthaber auch haben.

Auf diesem Platz hielt nun der Bus, mit dem Wanja seine vier Freunde zu der Gebetsversammlung im Hause der Elisabet brachte.

«Alle Teilnehmer unserer Gebetsversammlung kommen hier an. Für uns ist dieser Platz ein Symbol», erklärte Wanja seinen Gästen die ganz andere Bedeutung des Ortes. «Wir glauben an Gottes Sieg über unser Land. Deshalb kommen wir hier jeden Freitag zum Beten zusammen. Viele von uns fasten auch den Tag über. Das hier ist ein verfluchter Platz. Hier konzentriert sich das Böse in der Stadt, und hier haben wir uns entschlossen, in die Lücke zwischen Gott und der Stadt und ihren Menschen zu treten.»

Andächtig folgten die vier Wanja. Dieser Achtzehnjährige verlangte ihnen mit seiner Zuversicht Respekt ab.

Elisabets Wohnung befand sich in einem von deutschen Kriegsgefangenen gebauten zweistöckigen Haus. Sie lebte im Erdgeschoss. Auch über ihr lebten Christen. So konnte man sich hier recht ungestört treffen.

Ungestört hieß aber nicht ohne unangemeldeten Besuch. Immer wieder kam die Polizei. Sie kannte Elisabet. Nicht nur einmal verbrachte sie Stunden bei Verhören. Unangemeldete Versammlungen waren strikt verboten, und man hoffte schon lange, ihr eine solche anhängen zu können. «Die gehört auf jeden Fall hinter Schloss und Riegel!», brummelte eines Tages einer dieser Besucher vor sich hin. Aber Elisabet hatte sich auf solche Gäste eingestellt. Ihr Tisch war festlich gedeckt. Kam die Polizei, so war auch der Anlass schnell gefunden.

«Wir Bulgaren feiern gern und viel», pflegte sie den verdutzten Polizisten zu erklären, die schon wieder einen Geburtstag störten. Und neben den Geburtstagen gab es noch die Todestage der verstorbenen Verwandten und natürlich, nicht zu unterschätzen, die offiziellen Feiertage. In der Sowjetunion gab es eine Unmenge solcher besonderer Tage: der «Tag der Frau» am 8. März, der «Tag der Roten Armee» am 23. Februar, der Geburtstag Lenins am 22. April und so weiter. Elisabet kannte sich aus. Hatte man in der eigenen Mannschaft keinen Anlass, so wurde etwas aus der Trickkiste der Feinde gefischt.

Wanja klopfte zwei Mal kurz an die Tür, zählte bis fünf und klopfte noch zwei Mal. Das war das vereinbarte Zeichen. Elisabet öffnete die Tür, sah Wanja und strahlte übers ganze Gesicht.

«Das ist aber klasse. Du bist *doch* zu Hause geblieben und nicht in Tallinn an der Hochschule? Komm herein.»

«Erzähle ich später, Elisabet. Ich habe noch vier Freunde dabei. Ist das in Ordnung, wenn die mit reinkommen?»

«Klar doch! Aber macht schnell.»

Der Flur war voller Schuhe. Heute gab es wohl mehr Gäste als sonst.

«Jakow Wassiljewitsch aus Leningrad ist da», sagte Elisabet leise. «Er legt uns gerade das Wort aus. Jakow hat die besondere Gabe der Heilung. Legt eure Sachen erst einmal hier in der Küche ab. Das Wohnzimmer, der Flur und das Schlafzimmer sind voller Leute. Ihr werdet leider im Flur sitzen müssen. Stühle gibt es keine mehr.»

«Ist schon gut, Elisabet. Danke. Ich sorge dann auch für die Attrappe, falls nötig.»

«Fein, Wanja. Ich will gerne hören, was dieser Mann Gottes sagt. Übrigens, wo sollen deine Freunde übernachten? Am besten bleibt ihr hier, oder?»

«Danke dir.» Wanja freute sich über ihr Angebot. Seine Eltern gingen davon aus, dass er für ein paar Tage in Tallinn bei Freunden übernachtete. So konnte er auch ungestört die Nacht hier verbringen. Dass dabei wohl niemand so bald schlafen gehen würde, war ihm sonnenklar.

Wanja drehte sich zu seinen Freunden um und lud sie ein, kurz in die Küche mitzukommen.

«Wir wollen jetzt nicht essen, Wanja», protestierte Sergej.

«Es geht auch nicht ums Essen. Diese vielen netten Sachen, die ihr hier seht ... sind eine Art Attrappe für die Miliz. Wenn die auf einmal hier auftauchen, dann ist es unsere Aufgabe, so schnell es geht die Teller zu packen und sie an die anderen weiterzureichen. Elisabet sagte mir gerade, dass heute der Geburtstag ihrer Schwester Ivanka gefeiert wird. Also vergesst es nicht. Heute ist Ivankas Geburtstag. Wir feiern ihn für die Milizionäre. Weil wir nun mal im Flur sitzen – leider gibt es keinen anderen Platz mehr –, sind wir auch für die Küche verantwortlich.»

Die vier staunten nicht schlecht.

«Geht es bei euch immer so unkompliziert zu?», fragte Valentina.

«Ja. Elisabet hält viel von Gemeinschaft. Bei ihr müssen immer alle ran. Aber jetzt lasst uns leise zu den anderen gehen.»

Jakow Wassiljewitsch war gerade dabei, seine Predigt über die Heilung des Gelähmten, der von seinen Freunden durch das Dach des Hauses vor Jesus gebracht wurde, abzuschließen.

«Es ist ein großer Fehler zu glauben, dass Jesus heute nicht mehr heilt», sagte er. «Jesus heilt heute genauso wie damals. Ihr braucht euch ja nur einmal anzusehen, was er heute in der Tallinner Baptistengemeinde tut. Man erzählt vieles über diese Erweckung. Schlechtes und Gutes. Und manches, was man da so aus der Oleviste-Kirche hört, verstehe auch ich nicht. Ich kann zum Beispiel nicht viel mit der lauten Musik anfangen. Wozu das? Für meine Ohren ist das weltlich. Ich weiß, die Esten denken darüber anders. Sie passen aber auch in anderen Fragen nicht ganz zu uns Russen. Wir sind eher ein trauriges Volk. Unsere Lieder sind in Moll. Die Esten singen so, dass es einen fast immer zum Tanzen verführt. So sind sie halt. Das ist ihre Kultur. Man sagt, weiter westlich, in Schweden zum Beispiel, singt man noch ganz anders. Also so etwas, finde ich, sollten wir lieber lassen. Aber die Heilungen, die da stattgefunden haben und immer noch tagtäglich stattfinden, sind echt. Warum Jesus es ausgerechnet da tut, weiß ich nicht. Aber ich sage dir, wenn er es da tut, warum nicht auch hier? Er ist doch überall der gleiche Herr. Wie in Tallinn, so auch hier bei euch in Kohtla-Järve, in Leningrad wie in Moskau, in Afrika wie in Europa. Gott ist überall der eine, sich niemals ändernde Herr. Nein, ich war noch nicht in Tallinn. Ich berichte euch nur vom Hörensagen. Aber mein zuverlässigster Zeuge ist Attila Arpad. Ihm glaube ich aufs Wort. Ihm traue ich ein gesundes Urteilsvermögen zu. Und Arpad war bereits bei vielen dieser Gottesdienste.»

Wanja traute seinen Ohren kaum. Auch Jakow Wassiljewitsch sprach über Oleviste und über Arpad. Den wollte er doch nach seiner Meinung fragen. Jetzt gab dieser Leningrader Älteste für ihn die Antwort. Hatte da Gott nicht herrlich vorgesorgt?

Wanjas Freude über das Gehörte wurde von Valentina unterbrochen.

«Jakow Wassiljewitsch, entschuldigen Sie mich, dass ich unterbreche. Ich komme aus Nowgorod und habe Sie bereits einmal in unserer Kirche predigen hören. Da sprachen Sie aber nicht über Heilung. Ich bin unheilbar krank. Mehrmals bat ich unsere Brüder, für mich nach Jakobus fünf zu beten. Sie taten es nicht, weil sie der Meinung sind, die Zeit der Heilungen sei vorbei. Gläubige aus der Nowgoroder Pfingstgemeinde sagten, dass das nicht stimmt, was unsere Brüder lehren. Ich habe von den Heilungen in der Oleviste gehört. Und weil es eine Baptistengemeinde ist, entschloss ich mich, dahin zu reisen. Leider wurde ich heute Morgen von der Miliz festgenommen, in den Zug gesetzt und wieder nach Hause zurückgeschickt. Da es keine Fahrscheine für den Zug nach Nowgorod gab, setzte man mich in den Leningrader Zug. Und da traf ich Wanja, Sergej, Ljuba und die anderen Christen. Sie hatten das Gleiche erlebt.»

«Wie ist dein Name, Schwester?», unterbrach der Mann Valentinas Erzählung.

«Valentina heiße ich, Jakow Wassiljewitsch. Ich bin die Tochter eines der Gemeindediakone in der Evangeliums-Christen-Baptisten-Gemeinde in Nowgorod.»

Der Mann schwieg einen Augenblick und sagte dann überraschend:

«Du hast Neurodermitis, stimmt das?»

«Ja, aber woher wissen Sie das?», wunderte sich Valentina. «Sie können mich ja hier im Flur gar nicht sehen.»

«Jesus sieht dich, meine liebe Tochter, und *er* kennt alle deine Gebrechen. Immerhin ist er auch für diese gestorben. Jesus hat es mir eben gezeigt.»

Eine unheimliche Stille legte sich über Elisabets Wohnung. Noch nie zuvor hatten die Beteiligten etwas Ähnliches gehört und gesehen. Jedenfalls Wanja nicht.

«Lasst uns zusammen für Valentina beten, Brüder und Schwestern. Und du, Valentina, komm bitte hierher zu mir ins Wohnzimmer.»

Jemand machte Platz, und Valentina betrat das Wohnzimmer. Bald darauf setzte die Gebetsgemeinschaft ein. Einer nach dem anderen beteten die Versammelten für die kranke junge Frau. Dann unterbrach Jakow Wassiljewitsch den Chor der Betenden mit lauter Stimme. Sein Gebet hatte etwas Majestätisches.

Wanja, der seine Augen geschlossen hatte, sah plötzlich vor seinem inneren Auge einen großen, mächtigen Mann. So stellte er sich Mose vor. Er hatte den Mann im Wohnzimmer noch nie gesehen. Auch jetzt trennte eine Wand seine Gestalt von Wanjas Augen. Aber seine tiefe Stimme malte in Wanjas Vorstellung das Bild von einem außerordentlichen Mann. Diesem Menschen würde auch er seine Nöte anvertrauen. Währenddessen betete dieser:

«Du allmächtiger Gott. Du hast Menschen dir zur Ehre erschaffen. Der Teufel entehrt sie. So erkranken sie. Auch Valentina ist krank. Du kennst ihre Haut. Heile sie bitte jetzt. So wie ich meine Hände auf sie lege, so lege du die deinen auf sie. Du bist ihr Arzt. Keiner kennt sie besser. Keiner kann sie heilen. Du aber kannst. Für sie und für ihre Krankheiten ist Jesus gestorben. Bitte, Herr, heile sie im Namen Jesu. Amen.»

Im Raum wurde es still. Sehr still. Man hätte eine Nadel fallen hören können. Wanja kam diese Stille ewig vor. Er sah nicht, was im Wohnzimmer passierte. Gefangen im Flur, war er auf hörbare Zeichen aus dem Nebenraum angewiesen. Dann endlich wieder die Stimme Jakow Wassiljewitschs.

«Wie geht es dir, Valentina?»

«Gut, mir geht es sehr gut, Jakow Wassiljewitsch. Es ist so, als würden Tausend kleine Nädelchen durch meine Haut wandern. Sehen Sie, die Rötung ist verschwunden. Der Arm war ganz verkrustet. Ich habe mich immer wieder selbst gekratzt und Wunden aufgerissen. Jetzt ist alles weg. Ich bin geheilt. Ich bin geheilt. Preist den Herrn!»

Valentina fiel auf den Fußboden und weinte vor Glück.

Gerade in diesem Augenblick klopfte es an der Tür. Es war nicht das vereinbarte Klopfzeichen. Wanja sprang auf, rief kurz in den Raum: «Jemand an der Tür», und stürzte in die Küche. Seine drei Freunde ihm hinterher. Sie nahmen das Gebäck und die belegten Brote vom Küchentisch und brachten diese ins Wohnzimmer. Währenddessen klapperte Elisabet an der Tür mit einem Bündel Schlüssel. Sie zögerte es hinaus, sie zu öffnen. Fragte, wer da sei. Tat so, als würde sie nichts verstehen. Dann gab sie an, den falschen Schlüssel genommen zu haben.

In der Zwischenzeit verwandelte sich die Gebetsrunde in eine fröhliche Geburtstagsfeier. Die vier Gäste aus dem Zug wurden ins Wohnzimmer gebracht. Ihre Plätze in der Küche nahmen Ivanka und ein paar andere Schwestern aus der Gemeinde ein.

Jetzt öffnete Elisabet.

In der Tür stand Kossygin. Er war stockbesoffen. Hinter ihm konnte Elisabet die Mützen von Milizionären ausmachen.

«Mir iss berischtet wordn, dassss in deiner Wwwohnung heute Amnd eine i-illllegale Versammlun' schschtattfindet», lallte er kaum verständlich.

«Meine Schwester Ivanka feiert ihren Geburtstag. Ivanka, kommst du mal?!»

Ivanka kam.

«Ich habe heute meinen Geburtstag und bitte Sie daher, mich und meine Gäste in Ruhe zu lassen.»

«So-so, Geburtstach. Die üblische M-masche. So was kannst du sons' jemand erzähln. Lass misch rein», drängte Kossygin.

«Hier ist mein Pass. Da ist das Geburtstagsdatum. In die Wohnung lassen wir Sie nicht. Das ist Hausfriedensbruch. Oder haben Sie etwa einen Durchsuchungsbefehl?»

Natürlich hatte Kossygin nichts dergleichen. Er war so verärgert, dass er beinahe wieder nüchtern, aber auch höflicher wurde.

«Durchsuchungsbefehl? Wer? Ich? Wo? Wer ist hier eigentlich zuständig, Sie oder ich?»

«Dann zeigen Sie mir bitte Ihren Ausweis.»

Elisabet verwehrte dem Mann rigoros den Eintritt.

Wanja, der nicht weit von der Tür entfernt stand, sah sie nur von hinten. Langsam legte sich Elisabet die Hand auf ihren Rücken. Der Daumen zeigte nach unten.

Das war das Signal. Elisabet sah keine Chance, den Mann aus der Wohnung zu halten. Die Gäste mussten also fliehen. Wanja drehte sich zu ihnen um und befahl leise, die Wohnung durch das Fenster zu verlassen. Das Licht wurde gedämpft, die Tür zum Flur geschlossen, und nach einem Sicherheitscheck verließen die Meisten die Wohnung. Als Erstes gingen Jakow Wassiljewitsch und Wanjas vier neue Freunde.

Keine fünf Minuten später war die Wohnung fast leer. Nur wenige Gäste feierten gestellt, aber fröhlich Geburtstag, als Kossygin triumphal das Wohnzimmer betrat. Hinter ihm drängelten sich die beiden Polizisten. Er kannte die Versammelten alle. Es waren wirklich Ivankas Freundinnen. Hier war also nichts zu holen!

«Wo sind die anderen?», herrschte er Elisabet an.

«Da ist niemand mehr in der Wohnung.» Ihre Worte klangen hart. «Sie können gerne alle Kleiderschränke durchwühlen. Vielleicht finden Sie hier eine Kirchenmaus. Eine Katze besitze ich auch nicht.»

«Nur nicht so frech, du baptistisches Drecksweib. Ich werde euch ja doch noch erwischen. Eines Tages …», drohte Kossygin. Er warf noch einen Blick ins Schlafzimmer und in die Küche und verließ polternd die Wohnung. Er war sichtlich enttäuscht.

«Der macht ja Überstunden», sagte Wanja zu seinen Freunden und erzählte ihnen, dass eben dieser KGB-Agent ihn am Morgen aus dem Zug geworfen hatte.

«Er heißt Kossygin, und so benimmt er sich auch.»

Wanja und seine vier Freunde hatten sich hinter den hochgewachsenen Büschen des breiten Innenhofs versteckt. Die Häuser an der Paradestraße des Siegesplatzes waren recht eng aneinandergebaut. Zwischen den Häuserreihen hatten die Stadtplaner einen weiten Hof angelegt mit Spielmöglichkeiten für Kinder und mit einigen Garagen für Autos. Der Hof war recht ungepflegt und mit Büschen überwuchert. Und natürlich funktionierte die Beleuchtung nicht. Irgendein Nachbar hatte sich an den Glühbirnen der Außenlampen bedient. So bot der Hof ein ideales Versteck. Unweit der fünf Freunde wartete auch Jakow Wassiljewitsch.

«Da, sie kommen raus!», flüsterte Wanja zu seinen Freunden.

«Das war wieder einmal ein Reinfall», brummte einer der Polizisten. «Sie sollten nicht zum Einsatz blasen, Kossygin, wenn Sie zu viel in der Kanne haben.»

«Du hältst dein Maul, Iwanow. Mein Gefühl sagt mir, dass diese Spinner sich wirklich hier getroffen haben. Wir sind leider zu spät losgezogen. Mein Informant, dieser bedauernswerte Aljoscha, ist immerhin ihr Pastor gewesen. Die haben hier heute einen ihrer Heiler aus Leningrad erwartet, irgendein Jakow Iwanowitsch oder Sergejewitsch oder so. Aber leider ist uns der große Fisch aus dem Netz gegangen.» Kossygin fluchte.

«Ihr könnt nach Hause, Soldaten», sagte er zu den beiden Milizionären. «Oder kommt ihr noch mit? Das eine Restaurant am Einkaufszentrum sollte noch ein Fläschchen für uns übrig haben.»

«Danke, Kossygin, aber um diese Zeit hat niemand mehr ein Fläschchen für uns übrig.»

«Schade, dass die Baptisten nicht trinken. Geburtstag feiern, und das ohne Schnaps. Wie soll so etwas Spaß machen? Wir hätten denen heute den ganzen Sprit leer gesoffen», brummte der Mann, und leicht torkelnd bewegte er sich in Richtung Kinotheater. Die Polizisten gingen in die andere Richtung.

Wanja und seine Freunde warteten noch zehn Minuten, dann gingen sie schnell zur Wohnung zurück. Die Tür war angelehnt. Dicht hinter ihnen folgte Jakow Wassiljewitsch.

Es wurde noch eine herrliche Nacht. Jakow Wassiljewitsch erzählte aus seinem bewegten Leben, und die jungen Leute staunten über die vielen Wunder, die er schon gesehen hatte. «Wer Gott so nahe erlebt, der kann ihm Großes zutrauen», dachte Wanja. Und als hätte Elisabet seine Gedanken gelesen, wandte sie sich an ihren Gast mit der Frage: «Gibt es denn einen direkten Zusammenhang zwischen unseren Glaubenserfahrungen und dem Glauben?»

«Und ob es den gibt, Elisabet», antwortete der Mann. «Schau, es ist wie bei kleinen Kindern, die gehen lernen. Bei ihren ersten Gehversuchen landen alle Kinder auf dem Hintern oder auf der Nase. Aber das Kind sieht alle anderen gehen. Der aufrechte Gang reizt es dazu, es immer wieder zu probieren. Und gelingt es dann mal, wächst Zuversicht in die eigene Fähigkeit. So ist es auch bei uns Kindern Gottes. Positive Glaubenserfahrungen prägen unseren Glauben und machen ihn stark. Die Abwesenheit von Glaubenserfahrungen erfüllt uns dagegen mit Skepsis.»

«Aber, Jakow Wassiljewitsch, wer macht denn schon in unseren Gemeinden solche Glaubenserfahrungen wie Sie? Man hört selten davon.»

«Das stimmt, wir leben in einer glaubensarmen Zeit. Vielleicht ist das ein Zeichen der Endzeit. Paulus schreibt in seinem zweiten Brief an Timotheus, Kapitel 3,1–3, dass am Ende der Zeit viele Menschen ohne Liebe sein werden. Und damit ist auch die Liebe zu Gott gemeint. Wo aber die Liebe zu Gott erkaltet, da schwindet auch die Erfahrung der Gegenwart Gottes. Nicht wenige in unseren Gemeinden versuchen den Mangel an Glaubenserfahrung mit der Treue zum Bekenntnis, ja sogar zu den äußeren Formen, wie Kleidung, Haartracht und so weiter, auszugleichen. Doch so etwas gelingt nicht. Dabei gedeiht nicht der Glaube, sondern nur gesetzliche Religion. Nicht den Formen, sondern dem Wort Gottes sollten wir vertrauen und es dann auch im Alltag umsetzen. So wird der Glaube erfahrbar und stark. Wenn Valentina, die Gott heute Nacht von ihrer Neurodermitis geheilt hat, in Zukunft über Glaubensheilung redet, dann wird sie mit Sicherheit positiv reden. Wie sollte sie auch anders? Gott hat sie geheilt, jetzt ist ihr Glaube an den Arzt aller Ärzte größer geworden.»

«So ist es, Jakow Wassiljewitsch, wie sollte ich je verschweigen, was der Herr an mir getan hat!», meldete sich Valentina. Ihre Augen strahlten. Immer wieder berührte sie Hände und Hals, und immer wieder wurde ihr Gesicht aufs Neue von einer Welle voller staunender Freude überflutet. «Heute habe ich erfahren, dass Gott heilt.»

Noch lange unterhielten sie sich über die Größe Gottes. Immer wieder unterbrachen sie ihr Gespräch durch ein Gebet. Die Gegenwart Gottes war im Raum so stark zu spüren, dass es ihnen unmöglich schien, weiterzureden. Sie mussten einfach beten.

– 4. –
Attila Arpad

«Steh auf, Wanja, steh auf!»

Elisabet rüttelte schon seit einiger Zeit am Arm des jungen Mannes. «Juhan, unser estnischer Freund, kam vor ein paar Minuten rein und sagte mir, dass er nach Tallinn zu den Methodisten fahren muss. Er kann euch gerne mitnehmen.»

Wanja war im Nu wach.

«Steht auf, Freunde», rief er den anderen zu.

«Ich werde nicht mitgehen», meldete sich Valentina. «Gott hat mich geheilt, und mir ist es wichtiger, die Erfahrung erst zu verarbeiten.»

Sergej, Ljuba und Juri wollten mit.

Juhan kam eine halbe Stunde später.

«Ich habe schon von euren gestrigen Strapazen gehört. Dieses Mal kriegen sie uns bestimmt nicht. Ich kenne Tallinn gut. Wir werden alle GAI-Posten[2] recht gut umfahren. Wir beten zusammen, und Gott wird uns vor Polizeikontrollen bewahren.»

Juhan war bekannt für seinen Optimismus. Begeistert bestiegen die fünf den alten Moskwitsch. Das war ein Gefährt!

«Das Auto gehört meinem Vater. Und es ist bestimmt genauso alt wie er. Es wurde gleich nach dem Krieg gebaut. Mein Vater hat an dem Ding schon alles ersetzt, was zu ersetzen möglich ist. Wundert euch nicht, es fühlt sich an, als würdet ihr auf einem Lastwagen sitzen. Vater hat das Auto mit Stoßdämpfern von einem Kleinlaster ausgestattet. Auch das Steuerrad hier stammt von irgend-

---

[2] GAI: Abkürzung für die russische Straßenverkehrspolizei.

einem Brummi. Der Mann ist einfach genial. Er baut aus dem letzten Schrott eine Rakete.»

Nun, eine Rakete war der Moskwitsch 401 sicher nicht. Eher schon eine Konservendose auf Rädern. Jedenfalls fanden das die drei jungen Männer auf der Rückbank. Sie saßen wie Sardinen zusammengequetscht und waren doch irgendwie glücklich.

Die Fahrt ging los. Juhan war ein gemütlicher Fahrer. Immer wieder überholten Autos den kleinen Moskwitsch.

«Man sollte eine gute Sache nie übereilen», sagte er, als einer der Freunde ihn fragte, warum er denn so langsam fahre.

Dafür redete er aber.

«Ich will euch so viel, wie es nur geht, von Estland erzählen. Gott hat dieses Land so lieb, ihr glaubt es kaum. Die Erweckung in Tallinn ist bestimmt nicht von ungefähr. Sie ist ein Zeichen für ganz Estland. Vielleicht sogar für die ganze Sowjetunion. Gott will damit etwas sagen. Ich spüre das.»

Er erzählte und erzählte. Ein Thema löste das andere ab. Juhan schien zu allem etwas zu wissen. Als sie an Kiviõli vorbeifuhren, berichtete er über die neueste Torffabrik, die hier mit der Hilfe der Deutschen gebaut wurde, und wie einige Mitarbeiter der Firma Bibeln aus Deutschland mitbrachten. «Das war eine prima Sache. Da laden die Sowjets die Deutschen ein, uns eine Fabrik zur Torfverarbeitung zu bauen. Sie kommen auch, bringen ihre Technik mit, und mit dabei sind auch Bibeln. Klasse, was? Die ganze Technik wurde in sowjetischen Lastwagen transportiert. Ein Freund von mir, der selbst dabei war, als die Sachen ausgeladen wurden, berichtete mir, wie ihn einer der Deutschen eines Tages fragte, ob er denn wüsste, wo es hier eine Kirche gibt. Und als dieser dem Deutschen klarmachte, dass auch er selbst eine

Kirche besuche, da führte der Deutsche ihn zu einer jener Bohrröhren, mit denen sie Torfproben aus dem Boden holen. Sie lag noch unausgepackt da. Er sicherte sich ab, dass niemand anders sie beobachtete, und begann dann hastig, das Rohr auszupacken. Und ratet mal, womit dieses Rohr vollgepackt war? Mit russischen Bibeln. Ich will nicht wissen, wie viele Röhren diese Männer auf diese Weise nach Kiviõli gebracht haben.»

Die Erzählungen von Juhan ließen die Reise kurzweilig erscheinen. Er fuhr zwar langsam, dafür redete er ja viel und schnell.

Die Hauptverbindungsstrecke zwischen Kohtla-Järve und Tallinn verläuft recht gerade zwischen weitläufigen Hügeln parallel zur Ostseeküste. Die Straße rollt sich regelrecht von einem Hügel über den anderen. Man kann von dort aus weit ins Land und an mehreren Stellen auch das Meer sehen. Es ist ein schönes Land. Besonders im Sommer. Die Mischwälder auf beiden Seiten der Straße strecken sich ins Unendliche aus. Von Zeit zu Zeit wird der Wald von einem See oder gar einer ganzen Kette von Seen unterbrochen. Viel seltener sieht man Felder. Landwirtschaft ist in diesem Teil Estlands ein hartes Brot. Die Felder sind übersät mit Geröll. Jahrhundertelang haben Bauern diese Steine von den Feldern gesammelt und zu riesigen Steinhaufen aufgeschichtet. Diese großen, vom Wasser rund geschliffenen Findlinge sind überaus beeindruckend.

Als Wanja noch jünger war, hatten seine Eltern ihn und seine Geschwister davor gewarnt, auf diese Steinhaufen zu klettern. Schlangen und allerlei sonstiges Getier würden hier nisten, sagten sie damals. Aber die Verbote halfen wenig. Sobald die Eltern nicht mehr zusahen, kletterten die Kinder schon auf einen dieser imposanten Haufen. Es machte Spaß.

«Was baut man hier denn auf einem solch steinigen Boden an? Da wächst doch nichts», fragte Sergej, während sie gerade an einem solchen Feld vorbeifuhren. Jetzt, im Juni, konnte man schon kleine grüne Setzlinge ausmachen.

«Kartoffeln, nehme ich an. Bei uns in Iwangorod ist der Boden ähnlich», antwortete Ljuba. Sie hatte bis jetzt mehr geschwiegen. «Wir Kinder mussten oft auf den Feldern Steine sammeln. Man macht das in der Regel vor der Saat. Im Winter und dann besonders während der Schneeschmelze im April, da tauchen immer wieder neue Steine auf. Meine Mutter sagte mir einmal, der Teufel würde uns die Steine auf das Feld werfen. Er wolle uns quasi ‹steinreich› machen. Da haben wir viele Steine, viel Mühe und Arbeit, und für den Lebensunterhalt bleibt fast gar nichts.» Ljuba lachte.

«Das ist ein tolles Bild», freute sich Juhan. «Die Bauern hier im Nordwesten Estlands waren tatsächlich immer arm. Steinreich halt.»

Ein angeregtes Gespräch über Versuchungen und Angriffe des Teufels entspann sich. Jeder der Mitreisenden hatte schon massive Versuchungen erlebt. Die Männer hatten die meiste Mühe mit der Sexualität. Ljuba sagte, dass sie vor allem von Neid und Selbstmitleid geplagt würde.

«Das Interessante mit diesen steinigen Feldern ist ja, dass es, egal, wie fleißig die Bauern ihre Felder räumen, jedes Jahr wieder Steine gibt. Es liegt an der Beschaffenheit des Bodens.»

«So ist es, Wanja», nahm Juhan die Bemerkung auf. «Und im geistlichen Leben ist es nicht viel anders. Solange wir auf Erden sind, wird es Versuchungen geben. Der Teufel ist aus unserem Leben nicht völlig zu verbannen. Er wird uns immer wieder neue Versuchungen in unseren Alltag werfen.»

«Steht das nicht auch in der Bibel so?», fragte Wanja.

«Du hast Recht. Im Jakobusbrief, Kapitel 1, steht so etwas geschrieben», wusste Juhan.

Schnell öffnete Juri sein Neues Testament und las: «Meine lieben Brüder, erachtet es für lauter Freude, wenn ihr in mancherlei Anfechtungen fallt, und wisst, dass euer Glaube, wenn er bewährt ist, Geduld wirkt. Die Geduld aber soll ihr Werk tun bis ans Ende, damit ihr vollkommen und unversehrt seid und kein Mangel an euch sei.»

«Klasse, oder? Da haben wir es schwarz auf weiß. Versuchungen kommen in unser Leben, damit Gott uns dadurch stark macht und kein Mangel an uns ist.» Juhan konnte sich vor Freude kaum halten.

«Ich habe einmal eine Geschichte vom großen Evangelisten John Wesley aus England gehört. Irgendwie hatte er in seinem Leben eine Phase von ein paar Tagen, wo niemand ihn belästigte oder angriff. Eines Tages saß er auf dem Rücken seines Pferdes und dachte nach: ‹Ist noch alles in Ordnung mit mir? Wenn der Teufel sich nicht mehr um mich kümmert, wenn mich niemand ärgert, wenn alles so unbeschwert abläuft, ist dann noch alles normal mit mir?›, grübelte er. Er stieg vom Pferd, kniete neben ihm nieder und begann zu beten. In diesem Augenblick sah ihn ein Bauer, der gerade seines Weges ging und sich über den knienden Mann wunderte. Er erkannte Wesley, beugte sich zur Erde, nahm ein paar Steine auf und warf damit nach dem Evangelisten. Dabei beschimpfte er ihn, was das Zeug hielt. Wesley wurde von einem der Steine getroffen. Er stand von seinen Knien auf, und voller Freude sagte er zu Gott: ‹Ich danke dir, Herr, es ist also noch alles in Ordnung mit mir.›»

«Das ist eine schöne Geschichte, Sergej», warf Ljuba ein. «Ich fange an zu verstehen, warum man uns gestern nicht nach Tallinn ließ. Die Kommunisten wollten uns Steine in den Weg legen, aber diese Steine sind für mich persönlich längst zum großen Segen geworden! Wenn ich nur daran denke, was ich seit gestern schon alles gelernt habe … Oh, Mann.»

«Mir geht es da genauso», pflichtete ihr Wanja bei.

Die anderen schlossen sich ihren Worten an.

Währenddessen näherte sich ihr alter Moskwitsch Rakvere. Man konnte bereits die Burgruine auf dem hohen Berg vor der Stadt sehen.

Juhan sah die Ruine, und noch ehe einer seiner Mitfahrer auch nur eine Frage stellen konnte, begann er die Geschichte dieser alten Burg zu erzählen.

«Rakvere ist eine alte Stadt. 1302 erhielt sie die Stadtrechte. Damals gehörte Estland zu Dänemark. 1346 verkauften die Dänen Estland an den Deutschen Orden, den berühmten Kreuzritter-Orden, gegen den Alexander Newski seinen berühmten Sieg errang.» Jedes Kind musste in der Sowjetunion diesen Teil der Geschichte lernen. «Die Deutschen besetzten das Land, und diese Burg nannten sie ‹Wesenberg›. Von hier aus wurde das ganze Land in Schach gehalten», fuhr Juhan mit seiner Schilderung fort.

Plötzlich unterbrach er seine Erzählung und sagte: «Freunde, ich muss leider noch bei Attila Arpad, einem Baptistenpastor, vorbei. Er lebt hier in Rakvere. Wanja, du kennst ihn doch, oder?»

«Na klar. Wer kennt Arpad nicht!» Sein Herz schlug höher. In wenigen Augenblicken würde er Arpad sehen. Er hatte es sich doch erst gestern gewünscht, und jetzt, ehe er selber dazu kam, Gott darum zu bitten, war *er* schon dabei, seinen Wunsch zu erfüllen. Klasse, Gott war einfach klasse.

Auch die anderen hatten bereits von Arpad gehört.

«Arpad hat ein wissenschaftliches Projekt am Wickel», klärte sie Juhan über den Zweck seines Kurzbesuches auf. «Er hat eine Wotjakin aus Westsibirien hierher nach Estland gebracht. Die alte Frau spricht noch ihr altes Wotjakisch. Allzu viele beherrschen es nicht mehr perfekt. Es soll eine finnisch-ugrische Sprache sein, dem Estnischen recht nah. Die Wissenschaftler der Estnischen Akademie der Wissenschaften haben sich der Frau angenommen. Sie wollen die linguistischen Parallelen zwischen unserer Sprache und dem Wotjakischen feststellen. Während dieser Zeit lebt die Frau bei Arpad. Er lehrt sie das Evangelium. Und sie redet zu den Wissenschaftlern über ihren neuen Glauben, den sie bei Arpad gewonnen hat.»

«Auf Wotjakisch!?», rief Sergej begeistert.

«Na klar, auf Wotjakisch. Sie spricht ihre Sätze auf Audiokassette, und die Wissenschaftler in Tallinn untersuchen diese dann.»

«Das nenne ich clever. Die Frau zum Glauben geführt, der Wissenschaft gedient und Wissenschaftler mit dem Evangelium bekannt gemacht.» Arpads Vorgehen hatte nun sogar den stillen Juri zum Reden gebracht.

«Ja, so ist er, unser Attila Arpad», sagte Wanja und begann den Freunden die Geschichte seiner ersten Begegnung mit dem estnischen Prediger zu erzählen.

«Ich will auf jeden Fall seine Briefmarkensammlung sehen», meldete sich Ljuba, «mein ungläubiger Bruder sammelt auch Briefmarken. Vielleicht kann ich bei Pastor Arpad lernen, wie man ihn zum Glauben führen kann.»

«Du kannst bestimmt viel von dem Mann lernen, lange können wir jedoch nicht bleiben. Ich will nur die Audiokassetten mitnehmen, und dann muss es weitergehen.

Es ist bald Mittag.» Juhan versuchte die Begeisterung der Freunde über die Begegnung mit Arpad zu bremsen.

«Du kannst ja dann deinem alten Moskwitsch ein wenig mehr Geschwindigkeit zumuten», schlug Ljuba schelmisch vor.

Alle lachten.

Rakvere ist eine alte estnische Stadt. Im Gegensatz zu Kohtla-Järve gab es hier kaum Industrie, und damit blieb die Bevölkerung der Stadt auch fast vollständig estnisch. Während die sowjetische Regierung Tausende von Arbeitern aus dem ganzen Reich nach Kohtla-Järve brachte, um den Ölschieferabbau zu gewährleisten, blieben die Esten in Rakvere unter sich.

Das prägte nicht nur die Stadt, sondern auch die Kirchen und deren Glaubensleben. Die Gläubigen hier konnten sich viel freier bewegen. Verhaftungen und dergleichen waren unbekannt. In der Stadt gab es eine vorbildliche Zusammenarbeit zwischen den unterschiedlichen evangelischen Kirchen und Freikirchen. Als es in der Kohtla-Järver Baptistengemeinde Anfang der 1970er Jahre zu Spannungen mit dem estnischen Pastor kam und ein Großteil der Gemeindeglieder die Gemeinde verließ, schlossen sich diese Gläubigen der Methodistengemeinde in Rakvere an.

Methodisten gab es in der Sowjetunion nur in Estland. Der kleine Gemeindeverband gehörte zu der Methodistenunion in Ostberlin, was kirchenrechtlich eine ziemliche Ausnahme darstellte. Schon bald nach dem Anschluss der Kohtla-Järver Baptisten an die Gemeinde in Rakvere gelang es diesem Verband, eine unabhängige Registrierung einer Methodistengemeinde im Stadtteil Jõhvi zu erwirken.

Bis es so weit war, reiste Wanja zusammen mit seinen Eltern Sonntag für Sonntag nach Rakvere. Er kannte die

Stadt und liebte sie für ihre Andersartigkeit. «Hier stinkt es weniger nach dem sozialistischen Realismus», fasste eines Tages sein Mentor, Bruder Kolja, Wanjas Empfindungen zusammen. Und Recht hatte er.

«Wir sind da.» Juhans Stimme holte Wanja aus seinen Gedanken. Und tatsächlich, im nächsten Augenblick sahen sie alle, wie die Tür des kleinen, gut gepflegten zweistöckigen Einfamilienhauses aufging. Juhan wurde bereits erwartet. In der Tür erschien Linda, die Frau von Arpad. Wie immer ordentlich gekämmt, stilvoll gekleidet und überaus graziös aussehend. Schon beim ersten Mal, als Wanja sie sah, musste er an eine Hofdame am Königshaus denken. Sie begrüßte Juhan, ließ ihn ins Haus und sah dann Wanja. Er stieg gerade aus dem Wagen.

«Wanja Richter, ist das denn wahr? Komm herein, mein Junge. Deine Tante ist gerade erst heute Morgen wieder abgereist. Sind das deine Freunde? Kommt doch alle rein. Ich werde schnell einen Tee aufsetzen.» Sie umarmte Wanja und verschwand im nächsten Augenblick wieder im Haus.

Auch die anderen stiegen aus dem kleinen Moskwitsch. Es tat ausgesprochen gut, sich nach fast zwei Stunden eingequetschter Fahrt die Beine zu vertreten.

«Kommt herein, Schwester Arpad hat uns zum Tee eingeladen», rief Wanja den Freunden zu. Da erschien Arpad selbst in der Tür. Er war ein kleiner, quirliger Mann mit einer breiten Professoren-Glatze, etwas nach vorne gebeugt, so als würde er sich vor seinen Gästen verneigen.

«Wanja, mein lieber Hans, es ist eine willkommene Überraschung. Kommt doch herein. Juhan hat mir bereits erzählt, was euch gestern zugestoßen ist. So ergeht es zurzeit Tausenden von Menschen aus der ganzen Sowjetunion. Nicht viele kommen durch, aber die, die durchkommen, erleben Gott.»

«Also ist das, was in der Oleviste passiert, von Gott?», fiel Wanja dem Mann ins Wort.

Arpad hielt für einen Augenblick inne, beugte sich noch mehr nach vorne, als wollte er es nur Wanja allein sagen, und winkte dann freundlich allen zu.

«Nun kommt doch schon herein. Linda hat bestimmt den Tee längst auf dem Tisch.»

Recht hatte er. In der kleinen Küche war bereits alles gedeckt. Vor dem Tisch stand Juhan und redete in Estnisch auf Linda ein.

«Nein, Juhan, meine Gäste fahren nicht ohne eine Tasse Tee», sagte sie schließlich schroff. «Komm, setz dich an den Tisch und genieß den Tee. Gott wird deinem Moskwitsch Flügel verleihen.» Dann drehte sie sich zu Wanja und seinen Freunden und setzte sie nacheinander einen jeden auf seinen besonderen Platz.

«Wie damals», erinnerte sich Wanja an seinen ersten Besuch bei Arpads. Auch da setzte sie jeden Gast besonders hin. Eine Sitte, die Wanja weder von zu Hause noch von seinen russischen Freunden kannte. Damals sagte ihm Arpad, dass Linda das tut, weil sie auf diese Weise jeden ihrer Gäste besonders ehren will.

Es gab Tee und Gebäck. Und bereits nach den ersten Schlucken heißen Tees begann Arpad zu erzählen. Er war jahrelang Pastor der Oleviste-Gemeinde gewesen. Der geistliche Aufbruch dort ging nicht zuletzt auf seinen Dienst zurück. Wie kein anderer wusste er Bescheid.

«Was heute in Tallinn passiert, ist Gottes Wirken. Alles andere ist schlicht falsch. Gott wirkt in Tallinn, so wie er es heute in vielen Städten der Welt tut. Einen ähnlichen Aufbruch gibt es zum Beispiel in Schweden.»

«Bruder Arpad ist oft in Schweden. Er spricht auch fließend Schwedisch», fügte Wanja erklärend hinzu. Aber irgendwie passte die Bemerkung nicht, und so verstummte er wieder.

Arpad fuhr fort: «Gott heilt heute Menschen wie damals in den Zeiten Jesu. Es hat wohl auch schon Totenauferweckungen gegeben, habe ich gehört. Ob es stimmt, weiß ich allerdings nicht. Ihr wisst ja, wie schnell übertrieben und ausgeschmückt wird. Das Wichtigste aber: Viele, sehr viele Menschen haben ihren Glauben an Gott wiedergefunden.»

«Manche Christen sagen aber, dass die Heilungen, wie sie in der Oleviste passieren, unecht sind. Der Beweis dafür sei die laute Musik im modernen Stil, wie die Jungen sie heute hören», wandte Sergej ein.

«Ich weiß, mein Freund, ich weiß. Meine russischen Brüder sind schon immer ängstlich gewesen. Sobald neue Formen auftauchen, versucht man in ihnen etwas Dämonisches, Antichristliches und Endzeitliches zu erkennen. Sicher singt man in der Oleviste andere Lieder. Das haben wir Esten aber schon immer getan. Unsere Lieder sind viel eher westeuropäisch als ostslawisch. Ihr werdet kaum einen Esten finden, der Gott in Moll lobsingt. Übrigens, es war kein Geringerer als der große Reformator Martin Luther aus Wittenberg in Deutschland, der durch die Straßen seiner Stadt zog, dem Volk aufs Maul sah und dann zu den Kneipenmelodien geistliche Texte schrieb. So wurde das evangelische Lied in der Gestalt weltlicher Melodien zu einer mächtigen Waffe der Erweckung. Und nichts anderes tat Iwan Prochanow zu Beginn des zwanzigsten Jahrhunderts in Russland. Die jungen Leute in der Oleviste-Kirche machen da eben auch nichts anderes. Sie singen ihre Lieder nach den Melodien ihrer Zeitgenossen. Deshalb haben sie Erfolg. Und deshalb segnet sie der Herr auch.»

Das waren Worte! Wanja hatte seit seiner Bekehrung immer wieder gehört, dass man sich von der Welt und allem, was in ihr ist, radikal trennen müsste. Was Arpad da sagte, war etwas völlig anderes.

«Aber Bruder Arpad, wir sollen doch die Welt fliehen, sagt das nicht die Heilige Schrift?» Wanjas Worte kamen zaghaft.

«Das stimmt, Wanja. Wir sollen die Welt und der Gesinnung, die der Welt entspringt, fliehen. Wer in seiner Gesinnung ein Freund der Welt sein will, der wird zum Feind Gottes. Denn so heißt es in Römer 8,5–8: ‹Denn die da fleischlich sind, die sind fleischlich gesinnt; die aber geistlich sind, die sind geistlich gesinnt. Aber fleischlich gesinnt sein ist der Tod, und geistlich gesinnt sein ist Leben und Friede. Denn fleischlich gesinnt sein ist Feindschaft gegen Gott, weil das Fleisch dem Gesetz Gottes nicht untertan ist; denn es vermag's auch nicht. Die aber fleischlich sind, können Gott nicht gefallen.› Weltliche Gesinnung hat also mit dem Leben nach dem Fleisch zu tun, oder? Und da ist die Bibel recht deutlich. Werke des Fleisches wurden eindeutig beschrieben. Wo? Zum Beispiel in Galater 5,19–21.»

Arpad sah wohl, das Juri sein Neues Testament aus der Tasche zog. «Ihr müsst es genauso machen, wie Juri es tut. Nicht was Menschen sagen, gilt, sondern unser alleiniger Maßstab ist die Heilige Schrift. Also, Juri, lies bitte Galater 5,19–21.»

Juri las: «Offenkundig sind aber die Werke des Fleisches, als da sind: Unzucht, Unreinheit, Ausschweifung, Götzendienst, Zauberei, Feindschaft, Hader, Eifersucht, Zorn, Zank, Zwietracht, Spaltungen, Neid, Saufen, Fressen und dergleichen. Davon habe ich euch vorausgesagt und sage noch einmal voraus: Die solches tun, werden das Reich Gottes nicht erben.»

«Danke, Juri. Ich habe meine jungen Leute in der Oleviste nur Elektrogitarren spielen sehen. Von diesen Dingen, wie sie im Galaterbrief beschrieben werden, sah ich wenig. Anderswo sind Spaltungen und Streit eher schon zur Tagesordnung geworden.»

Arpad hielt einen Augenblick inne und sah sich um.

«Hat es euch geschmeckt?»

«Es war köstlich», antworteten die Freunde im Chor.

«Na, dann solltet ihr den armen Juhan nicht länger warten lassen. Er ist schon längst die Ungeduld in Person.» Dann erhob er sich von seinem Platz. Es war Zeit, aufzubrechen.

Alle anderen standen ebenfalls auf.

«Bevor ihr aber geht, will ich noch für euch beten. So viel Zeit sollten wir immer haben, Juhan.» Arpad sah den ungeduldig dreinblickenden Esten an. Dieser nickte.

Arpad sammelte noch einmal alle zu sich und sprach ein Segensgebet. Es war kurz und inhaltsvoll: «Gib, Herr, dass meine jungen Freunde dich in Tallinn finden, und lass nicht zu, dass der Feind es verhindert. Segne sie. Amen.»

Dann brach die Gruppe auf. Wanja schaute sich noch einmal um und sah Arpad tief gebeugt in der Tür stehen. Seine rechte Hand war leicht nach vorne gestreckt, in etwa so, wie es Prediger am Ende eines Gottesdienstes tun. «Segne sie», hörte er Arpad sagen.

– 5. –
Mit Gott kommt man immer an

«Viele Wege führen nach Rom, aber in eine sowjetische Großstadt sind es immer nur wenige», scherzte Juhan, als sich sein alter Moskwitsch langsam der Hauptstadt näherte. «Wir haben die Wahl zwischen dem GAI-Posten und damit einem Wunder, nicht angehalten zu werden, und einem recht beschwerlichen Umweg über die umliegenden Dörfer. Was machen wir nun?»

«Ich schlage vor, wir halten und beten», antwortete Sergej.

«Einverstanden», riefen die Freunde im Chor.

Juhan steuerte seinen Wagen auf den nächsten Parkplatz. Und damit direkt in eine Polizeikontrolle. Die Milizionäre hatten gerade einen Lkw angehalten und schienen sich angeregt mit dem Fahrer zu unterhalten.

«Das fehlte uns noch. Wir werden anhalten müssen. So ein Mist», platzte es aus Juhan heraus. Er parkte seinen Wagen direkt neben dem Miliz-Auto, stieg aus und ging zu dem Beamten. Es war ein Este. Wanja, der gespannt die Szene beobachtete, atmete auf. Zwei Esten finden immer eine gemeinsame Sprache. Juhan unterhielt sich angeregt mit dem Polizisten und kam nach einer Weile betont lässig zurück zum Wagen. Er winkte dem Beamten zu und fuhr langsam auf die Straße. «Der Mann sagte nur, am GAI-Posten sei alles dicht. Man erwartet am Wochenende viele Fremde in der Stadt, da werden scharfe Kontrollen durchgeführt. Wir sollten am besten über die Küstenstraße fahren. Da ist am wenigsten los.»

«Und wir hatten schon Angst, die würden uns kontrollieren», stotterte Ljuba mit aufgeregter Stimme.

«Hätten sie auch. Ich hab ihnen aber erzählt, dass ich die Audioaufnahmen für die Akademie der Wissenschaften transportiere. Und da ergab sich halt das Gespräch.»

«Gott hat ihnen die Augen für uns verschlossen», entgegnete Wanja. «Wir sollten wohl ohne Angst einfach drauflos fahren.»

«Du meinst zum GAI-Posten?», wollte Juhan genau wissen.

«Den meine ich. Auch wenn sie uns anhalten. Dieses Mal kommen wir durch. Ich habe da Gewissheit.»

Warum er das sagte? Später, als Wanja die Fahrt nach

Tallinn noch einmal Revue passieren ließ, fragte er sich, woher er diese Gewissheit hernahm. Doch jetzt stand es für ihn eindeutig fest.

«Fahren wir doch so, wie Wanja sagt. Wenn sie uns anhalten, dann ist es für mich klar – für mich sollte der Besuch in der Oleviste dann doch nicht sein. Also, Juhan, fahr den GAI-Posten an», bestätigte Sergej Wanjas Worte.

Die anderen schwiegen.

Und so fuhr Juhan auf den GAI-Posten zu. Dieser lag einige Kilometer vor der Stadt. Es war eine typische sowjetische Straßenwache, hoch gebaut und strategisch so platziert, dass man die herannahenden Autos von weitem beobachten konnte. Mehrere Beamte schoben an solchen Posten Dienst. Oft saß der eine in der Wache und beobachtete mit dem Fernglas die heranrollenden Autos, während andere die Autos anhielten und kontrollierten.

Langsam rollte der alte Moskwitsch an den Kontrollposten heran. Alle beteten. Würde man sie anhalten? Sie befanden sich schon auf der Höhe der Wache. Alle Beamten schienen beschäftigt zu sein. Juhan fuhr langsam vor. Da kam plötzlich hinter dem vor ihnen parkenden Lkw eine große Gestalt hervor. Der Mann war wirklich riesig – zwei Meter und größer muss er gewesen sein. Seine breiten Schultern verrieten einen trainierten Körper. Er winkte Juhan mit seiner Leuchtkeule zur Seite und forderte ihn auf zu parken.

Juhan fuhr an ihm vorbei, hielt den Wagen an und stieg gemächlich aus. Langsam ging er auf den Beamten zu. Im Moskwitsch herrschte eine gespannte Stille. Alle beteten. Wanja sah sich um und beobachtete aus dem Fenster, wie sich Juhan dem Beamten näherte. Er war nur noch wenige Meter von dem Polizisten entfernt. In diesem Moment kam ein Wolga mit großer Geschwindigkeit auf die Wache zugerast. «Anhalten!», brüllte der Milizmann. Er bewegte dabei wild beide Hände und lief dem Pkw entgegen. Aber der Wolgafahrer missachtete seinen Befehl und raste weiter. Blitzschnell lief der Beamte zu seinem Wagen, während er die Daten an die Zentrale weitergab. Gleich würde eine Verfolgungsjagd beginnen.

Juhan drehte sich währenddessen langsam um und ging zurück zu seinem Moskwitsch. Ohne Hektik setzte er das Auto in Bewegung. Niemand schien sich um ihn zu kümmern. Erst als er in der Stadt von der Hauptstraße in eine Nebengasse einbog und den Wagen parkte, atmeten alle erleichtert auf.

«Das war Gott!»

«So eine Zeitgenauigkeit!»

«Niemand hätte es besser arrangieren können.»

«Oh, Mann! Das war ein Wunder!»

Sie jubelten. Und dann falteten sie ihre Hände und dankten Gott.

– 6. –
Man kann die Dinge auch anders sehen

«Und nun? Wo soll ich euch jetzt hinbringen, meine lieben Freunde?» Es war Samstagabend. Wo sollten sie hin? Sie hatten sich darüber noch keine Gedanken gemacht. Zu intensiv war der Tag gewesen. Wanja dachte einen Augenblick nach und sagte dann fest entschlossen: «Bring uns zu den Pawlows, Juhan.»

«Eine gute Idee, Bruder. Ich bleibe bei Arno, meinem Freund. Morgen gehe ich zu den Methodisten in den

Gottesdienst. Gegen Abend sollten wir uns in der Altstadt treffen, oder? Dann nehme ich euch wieder mit zurück.»

«Ja, super. Dann auf zu meinem lieben Djadja[3] Fedja.» Die Freude über die nächste Begegnung mit einem großen Mann Gottes stand Wanja ins Gesicht geschrieben. «Die Pawlows sind zwar einfache Leute, aber sie haben viel erlebt. Vor Jahren ist Fjodor Pawlowitsch knapp einer Verhaftung entgangen. Er war zu der Zeit Pastor der Baptistengemeinde Taschkent in Mittelasien. Sie flohen zu uns nach Estland. Ich habe ihn und seine ganze Familie sehr schätzen gelernt, während sie bei uns in Kohtla-Järve lebten. Dann berief ihn eine der Tallinner Baptistengemeinden, die hiesigen russischen Gläubigen zu betreuen. Heute ist er Pastor dieser kleinen Gemeinde.»

«Es ist eine sehr konservative Gemeinde. Nichts für mich», sagte Juhan halblaut. Er wollte seinen russischen Freund nicht beleidigen, aber es lag ihm auf der Zunge: «Wie alle russischen Gemeinden halt sind.»

Doch das hörte nur Wanja, und Juhans Vorurteil vermochte er nicht zu teilen. Er liebte die Familie Pawlow und war mit den beiden Kindern von ihnen recht gut befreundet.

Die Fahrt durch das abendliche Tallinn war ein Vergnügen besonderer Art. Juhan kannte und liebte die Stadt. Er fuhr durch das Zentrum. Hell erleuchtet präsentierte sich diese alte und doch ewig junge Stadt ihren Besuchern. Der Lange Hermann, ein hoher mittelalterlicher Wehrturm mit der estnischen Flagge am Mast, deutete den ganzen Stolz an.

«Tallinn gehörte in der Vergangenheit zu den Hansestädten, zusammen mit Bremen, Danzig, Riga und so weiter. Es war eine wichtige Festung des Deutschen Rit-

[3] Russisch für Onkel.

terordens. Und die Deutschen haben auch jahrhundertelang die Geschichte dieser Stadt geprägt. Das Gebäude da zum Beispiel», er zeigte nach links zu einem der Türme, «nennt man ‹Kiek in de Kök›, was so viel heißt wie: ‹Kuck in die Küche›. Im fünfzehnten Jahrhundert war es verboten, sonntags in der Küche Feuer zu machen. Von diesem Turm aus konnte man in die Küchen schauen und so das Verbot überwachen. So kam der Turm zu seinem Namen. Andere meinen, der Name komme daher, weil man vom hohen Kanonenturm gut sehen konnte, was der Feind so trieb. Ihm sozusagen in die Küche kucken konnte.»

«Du kennst dich gut aus, Wanja», unterbrach ihn Juhan. «Und man merkt, dass du Deutscher bist. Es freut dich wahrscheinlich, deine deutschen Vorfahren hier zu finden. Wir Esten sehen das allerdings anders. Die Baltendeutschen haben jahrhundertelang unser Volk unterdrückt. Als 1918 endlich die Unabhängigkeit kam, da begann eine neue Epoche. Leider dauerte es nicht lang. 1940 besetzten die Sowjets unser Land, und seitdem warten wir auf unsere Stunde der Freiheit. Und glaubt mir, sie kommt. Erst heute Morgen fand hier am Platz der Freiheit eine antisowjetische Demo statt. Ich habe es im Radio während der Fahrt gehört. Die Regierung sagte, dass es nur einige wenige Verrückte gewesen sind. Aber ich weiß, hinter ihnen stehen alle Esten. Sogar die Kommunisten. Schaut da, die Kirche mit dem langen Turm ist die Oleviste-Gemeinde. Es ist nicht nur eine Kirche, sondern sie sieht auch so aus. Man findet selten ein solches Baptistengemeindehaus. Aber ich fahre am besten nicht zu nahe an das Gebäude. Wer weiß, vielleicht kontrolliert die Miliz auch da alle Zufahrten.»

Juhan hatte seine Sprache wiedergefunden. Und jetzt erzählte er. Die anderen schienen aber mehr zu dösen, als zuzuhören. Sie waren müde geworden von der schlaflosen Nacht und dem langen Tag in der Enge eines Moskwitsch 401.

Pawlows lebten in einem der vielen Vororte Tallinns. Ihr kleines einstöckiges Haus lag versteckt hinter alten Tannenbäumen. Juhan schien hier schon mehrmals gewesen zu sein. Jedenfalls hielt er ganz selbstverständlich vor dem Haus.

«Hier wohnen sie, die Pawlows. Sie werden bestimmt schon zu Hause sein. Der Samstagsgottesdienst ist längst vorbei. Ich hoffe es jedenfalls. Also, ich fahre dann gleich. Du kennst sie ja, Wanja. Wir treffen uns morgen gegen zwanzig Uhr am Langen Hermann. Das ist am sichersten. Bis morgen!» Er fuhr los und rollte langsam die stille Straße entlang.

Wanja ging an die Haustür und klopfte. Lange war nichts zu hören. Er klopfte ein zweites Mal. Lauter. Jetzt hörte er leise Schritte und dann eine schwache Stimme: «Wer ist da?»

«Ich bin es, Wanja Richter aus Kohtla-Järve.»

Die Tür ging auf. Ein kleines Frauchen öffnete die Tür.

«Du bist es! Wir warteten gestern auf dich. Hattest du nicht geschrieben, dass du am Freitag kommst?»

«Wäre ich auch, Vera Petrowna, aber da ist so viel passiert.»

«Sag bloß, man hat dich auch zurückgeschickt?»

«Hat man, Vera Petrowna. Genauso wie meine Freunde. Das sind Ljuba und Juri, sie kommen aus der Baptistengemeinde in Iwangorod, und das ist Sergej aus Murmansk.»

«Kommt rein, Kinder, kommt rein», lud sie mit einem mütterlichen Lächeln auf ihrem Gesicht ein und ging in das Innere des Hauses. Wanja und seine Freunde folgten.

Vera Petrowna war eine kleine magere Frau mit völlig

ergrauten Haaren. Und wären die nicht gewesen, man hätte sie wohl für ein Schulmädchen gehalten.

«Fjodor Pawlowitsch ist noch nicht zu Hause. Sie haben eine recht turbulente Gemeindestunde gehabt. Alles wegen dieser Heilungseuphorie in der Oleviste-Kirche. Mir geht es nicht so gut, und deshalb bin ich zu Hause geblieben. Nadja ist mit ihrem Vater in der Gemeinde, und unser Pascha ... ach, Wanja, unser Pascha ist mein Herzensschmerz. Er hat den Glauben verlassen. Bestimmt treibt er sich irgendwo mit seinen Freunden aus der Welt herum.»

Sie sprach, während sie in der Küche ein paar Geräte bewegte. Erst jetzt merkte sie, dass die jungen Leute immer noch im Flur herumstanden.

«Ich bin wirklich alt geworden. Kommt doch herein, Kinder. Da lade ich die Gäste nicht einmal in die gute Stube ein. Schande. Wanja, du kennst dich doch bei uns aus. Bring die Gäste bitte ins Wohnzimmer. Ich sehe, ob ich was zum Essen finde.»

«Das muss alles nicht sein, Vera Petrowna. Wenn es Ihnen nicht so gut geht, dann legen Sie sich doch bitte hin. Wir warten, bis Nadja und Fjodor Pawlowitsch zurück sind», schlug Wanja vor.

«So weit wird es noch kommen. Hast du schon mal eine christliche Hausfrau erlebt, die ihren Gästen keinen Tee serviert hat? Vielleicht schon, aber wenn, dann sicher nicht unter uns Russen. Und ich bin von Haus aus eine Kosakin, wenn du weißt, was das bedeutet. Weißt du nicht? Woher auch. Also, setzt euch, Kinder. Setzt euch. Ich habe noch Borschtsch[4] von gestern. Den wärme ich euch auf. Ihr esst doch alle Borschtsch, oder?»

---

4 Russische Kohlsuppe mit Fleisch.

Vera Petrowna sprach und bewegte sich dabei hastig zwischen der Küche und dem Wohnzimmer hin und her.

«Sie redet immer so viel. Aber nur, wenn ihr Mann nicht dabei ist. Sie ist eine ganz liebe Mutter», erklärte Wanja seinen Freunden ihr Benehmen.

Draußen hörte man Schritte, und nach ein paar Minuten betrat Fjodor Pawlowitsch in Begleitung eines weiteren Gastes das Haus.

«Nimm den Gast auf, Vera Petrowna», rief er laut. Seine laute Bassstimme verriet einen großen, kräftigen Mann.

«Friede diesem Haus», hörten Wanja und seine Freunde die Stimme eines zweiten Mannes im Flur.

«In Frieden nehmen wir unsere Gäste auf», entgegnete Vera Petrowna.

«Mein Name ist Wladimir Iwanowitsch Iwanow», stellte er sich vor.

«Er ist aus Moskau. Unser Gewissen aus Moskau, sozusagen.»

«Fjodor Pawlowitsch, ich bitte dich.» Die Stimme des Gastes klang leicht vorwurfsvoll.

«Jedenfalls sind wir hungrig, Mutter», wendete der Hausherr das Gespräch.

«Wir haben noch weitere Gäste. Wanja Richter aus Kohtla-Järve ist doch noch gekommen. Man hatte ihn gestern aus dem Zug gesetzt und zurückgeschickt. Er hat noch drei junge Leute mitgebracht.»

Die Tür zum Wohnzimmer ging auf, und Pawlow trat herein. Er schien mit seiner großen Gestalt den ganzen Türrahmen zu füllen.

«Wanja, mein Junge, das ist gut, dich wiederzusehen. Was macht dein Glaube? Bist du noch fest? Seitdem ihr in Kohtla-Järve Methodisten geworden seid, weiß man es ja nicht mehr so ganz genau.»

Wanja stand auf.

«Komm, mein Junge, lass dich umarmen.» Pawlows

breites, väterliches Lächeln hätte jeden überzeugt. Wanja ließ sich umarmen und wurde von der mächtigen Gestalt des Mannes fast völlig umschlungen.

«Wanja, das ist Bruder Iwanow aus Moskau. Er ist bei uns zu Besuch. Kannst du dich noch an die Visite von Bruder Tschirikin in Kohtla-Järve erinnern? Nun, dieser Bruder hier ist in gleicher Mission unterwegs. Und er ist Teil unserer Gemeindezukunft: Wladimir Iwanowitsch, ein angehender Evangelist. Der hat jedenfalls vor denen da draußen keine Angst. Und das sind deine Freunde?»

«Genau, Fjodor Pawlowitsch.» Wanja drehte sich zu den drei von ihren Stühlen aufgestandenen Freunden und stellte sie nacheinander vor.

«Wir sind gestern alle vor Tallinn abgefangen und heimgeschickt worden.»

«Nicht nur ihr. Da ist zurzeit was los in der Stadt. Am Freitag demonstrierten die Deutschen, irgendein Komitee zur Verteidigung der Rechte von Deutschen. Gestern lief eine politische Demo der Esten. Die Deutschen wollen raus aus dem Land, die Esten verlangen den Abzug der Russen. Und dann ist da ja noch Oleviste. Aber bevor ich mich darüber aufrege – kommt in die Küche. Vera Petrowna hat das Essen fertig.»

«Das ist unmöglich. So schnell? Das gibt es doch gar nicht», staunte der Gast aus Moskau.

«So ist es halt bei uns, Wladimir Iwanowitsch. Wir leben hier nicht in Moskau. Unsere Frauen sind immer noch das, wozu sie der Herrgott gemacht hat – Frauen. Und meine Vera Petrowna ist die Allerbeste unter ihnen.»

Sie setzten sich an den Tisch. Es gab Borschtsch und viel Brot. Selbstgebackenes Brot, wie Vera Petrowna nicht ohne Stolz konstatierte. Der Duft des Brotes, der lange Tag im Wagen, das Essen und die freundliche Umsorgung von Mutter Vera verliehen den vier jungen Leuten einen nahezu unbändigen Appetit.

«Ihr seid aber ausgehungert, Kinder. Ich hole am besten noch Milch und einen weiteren Laib Brot. Und dann habe ich noch selbst gemachte Himbeer-Marmelade. Die wird euch bestimmt schmecken.» Sagte es und verschwand im Keller.

Und ob sie schmeckte!

Während des Essens fragte Fjodor Pawlowitsch seine jungen Gäste aus. Er fing mit Wanja an, befragte ihn wegen des geplanten Studiums an der Technischen Hochschule von Tallinn.

«Deswegen bist du doch gekommen, oder?»

«Schon, aber mittlerweile hat mich eine andere Sache im Griff. Ich will wissen, was Gott in der Oleviste tut», antwortete Wanja. «Das Studium kann warten.»

«Dass du ernsthaft wissen möchtest, was Gott tut, finde ich lobenswert», brach Pawlow Wanjas Antwort ab. «Und ihr, meine Lieben, ihr seid sicher auch wegen der Oleviste gekommen, stimmt's?»

«So ist es, Fjodor Pawlowitsch», bestätigte Sergej.

«Und was hört man da so von Oleviste in Murmansk? Murmansk ist doch recht weit im Norden?»

«Man berichtet von großen Wundern. Kranke werden gesund, Menschen aus der Welt finden zum Glauben. Sogar von Totenauferweckungen ist da die Rede. Und während die einen begeistert davon berichten, warnen andere vor einer endzeitlichen Verführung. Das tun vor allem die Abgeteilten.»

«Das Gleiche ist auch bei uns in Iwangorod der Fall», fügte Ljuba hinzu. «Wir trafen mehrere Christen, die nach Tallinn unterwegs waren, und wenn es Baptisten waren, dann berichteten sie alle von einer recht gespaltenen Meinung in ihren Gemeinden.»

«Ich habe immer davon geträumt, einmal eine Erweckung zu erleben. Als ich die Sachen über die Oleviste hörte, da beschloss ich, selbst hinzufahren und mich von dem zu überzeugen, was Sache ist. Ich finde, bei uns lassen sich viele von Vorurteilen oder auch von vorgefassten Meinungen leiten», erklärte Sergej.

«Ist ja nicht unbedingt falsch, eine Meinung zu haben. Und in Zeiten der Versuchung sollte man besser zwei Mal hinsehen.» Pawlow erhob sich sichtlich aufgeregt von seinem Platz.

«Und was sagt man bei euch in Kohtla-Järve dazu, Wanja?»

«Das ist es ja, Fjodor Pawlowitsch, ich habe von der Sache erst im Zug erfahren. Man scheint bei uns entweder nichts zu wissen oder alles zu verschweigen.»

Wanjas Antwort schien dem Mann zu gefallen. Aufgeregt ging er in seiner Küche auf und ab.

«Da hast du es, Wladimir. Jugendliche reisen aus Murmansk an, um sich den Pfingstgeist aus der Oleviste-Gemeinde zu holen. Und ihr, ihr beschäftigt euch mit der Kirchenpolitik. Man kann die Esten nicht aus dem Bund weisen. Warum denn nicht? Was ist da noch baptistisch in der Oleviste? Und wer von den Brüdern denkt da vernünftig? Sie sind doch allesamt erfasst von diesem Geist der Verführung!»

«Aber Fjodor Pawlowitsch, nicht schon wieder. Die jungen Leute sind doch ...», versuchte Iwanow Fjodor zur Räson zu bringen.

«Die jungen Leute sind dabei, von diesem Oleviste-Geist mitgerissen zu werden, und da soll ich schweigen? Von wegen schweigen. Ich werde reden. Genau das kannst du unserer Leitung in Moskau sagen. Ich werde nicht schweigen!»

Pawlows Worte verwirrten Wanja und seine Freunde völlig. Sie hörten Irrgeist, Pfingstgeist, Verführung, und sie spürten, wie sehr dieser väterliche große Mann besorgt war.

«Ist etwas falsch bei dem, was in der Oleviste läuft?», fragte Wanja leise. «Wir haben Bruder Arpad in Rakvere gefragt ...»

Pawlow blieb mitten im Raum stehen.

«Attila Arpad habt ihr gefragt? Ich brauche euch gar nicht erst zu fragen, was er sagte. Natürlich war er dafür. *Alle* Esten sind es. Natürlich hat er seine Bibelverse. Wie sonst? Aber auch er irrt. Kinder, es ist nicht Gott, der in der Oleviste-Gemeinde am Werk ist. Ja, es werden Menschen geheilt, ja, es passieren erstaunliche Wunder, aber soll das ein Beweis für eine göttliche Erweckung sein? Zugleich fangen Menschen an, in Zungen zu reden, die Jugend wirft alle gemeindlichen Normen über den Haufen. Sie gründen Bands und singen Lieder, wie sie nicht einmal in der Welt gesungen werden. Geht einmal hin, seht euch die langhaarigen Gestalten mit ihren Elektrogitarren an. Das soll Gott zum Lob dienen? Nein und noch einmal nein!»

«Aber Fjodor, anderswo in der Welt ...» Iwanow versuchte dazwischenzureden.

«Hör damit auf, Wladimir. Ich lebe nicht den ersten Tag auf dieser Erde und bin seit Jahrzehnten ein eifriger Bibelleser. Mich interessiert wenig, was man anderswo alles macht. Es kommt allein darauf an, was die Schrift sagt.»

«Genau das sagen deine estnischen Brüder ja auch. Kennt die Schrift denn keine Krankenheilungen? Kennt sie keine Zungenrede? Hat man bei der Einweihung des Tempels nicht achthundert Trommeln eingesetzt? War das etwa leise?»

«Das war doch einmal, Wladimir! Im Alten Testament – ja und amen. In der Zeit der Apostel – sicher. Aber wir leben nicht im Alten Testament und auch nicht in der Zeit der Apostel. Im Zeitalter der Gemeinde gibt es so etwas nicht mehr.»

«Ich bin da ja deiner Meinung. Aber das ist mit Verlaub deine und meine Theologie. Ich kann nicht mit gutem Gewissen behaupten, dass nur meine Meinung die richtige ist. Und übrigens, woher hast du die Information, dass man in der Oleviste-Kirche Zungenrede praktiziert? Ich hab da so etwas noch nie erlebt.»

«Die machen es auch nicht im Gottesdienst. Aber ich kenne einige, die behaupten, seit ihrem Besuch des Gottesdienstes in der Oleviste gewisse Gaben erhalten zu haben.»

Plötzlich durchbrach die Stimme Vera Petrownas die hitzige Diskussion.

«Ich seh schon, ihr werdet noch lange darüber streiten. Aber die Kinder hier müssen schlafen gehen, nicht wahr, Wanja? Und ich, ich bin auch recht müde. So, Wanja, komm mal mit deiner Mannschaft mit. Ihr drei Jungs werdet in Paschas Zimmer schlafen. Du, Ljuba, in Nadjas Zimmer, und Sie, Wladimir Iwanowitsch, hier im Wohnzimmer. Und jetzt darf ich euch bitten, den Tisch abzuräumen.»

«Vera, aber bitte …» Fjodor Pawlowitsch wollte die plötzliche Intervention seiner Frau stoppen.

«Kein Bitte, mein Lieber. Die Kinder waren einen ganzen Tag unterwegs, und du wirst noch lange nicht fertig sein. Morgen Früh müssen wir zum Gottesdienst, und unser Herr mag es bestimmt nicht, wenn wir uns noch vor dem Gottesdienst streiten.»

Der große Mann fügte sich, und schon bald lagen alle auf ihren Schlafplätzen. Aber schlafen konnte Wanja nicht. Sein Inneres war restlos verwirrt. Wie konnten Menschen, die ihm so nahe waren, die er für seine geistlichen Vorbilder hielt, zu so unterschiedlichen Meinungen kommen? Vor seinem inneren Auge stand Jakow Wassiljewitsch. Seine warmen, bejahenden Worte über das Geschehen hier in Tallinn klangen ihm immer noch in den Ohren. Ob er sich im Irrtum befand? Würde Gott dann durch ihn Valentina geheilt haben, wenn er einen so stark getrübten Sinn hätte? Und Attila Arpad? Sollten sie alle Unrecht haben? Sicher waren sie auch Menschen, aber Fjodor Pawlowitsch war es eben auch. Alle liebten Jesus, das war offensichtlich, aber ihre Theologie schien sich radikal gegensätzlich zu entwickeln. War es das, was sie voneinander trennte? Theologie? Lehre? Iwanows letzte Worte schienen seine Vermutung zu bestärken.

«Was ist Theologie?», fragte sich Wanja. Er erinnerte sich noch recht lebendig an die Lektüre des Buches von Klibanow, dem berühmten sowjetischen Religionshistoriker. Das Buch mit dem bezeichnenden Titel «Jesus – Gott, Mensch, Mythos» hatte eine entscheidende Rolle in seiner Hinwendung zu Jesus gespielt. Klibanow versuchte in diesem Werk anhand der neuesten Forschungsergebnisse der historisch-kritischen Theologie zu beweisen, dass Jesus ein Mythos sei.

Da war er, der Begriff «Theologie». Er fraß sich in Wanjas Bewusstsein als der Inbegriff menschlicher Manipulation hinein. Klibanows Buch hatte ihn am Ende der Lektüre regelrecht gezwungen, selbst die Bibel zu lesen, was schließlich zu seiner Bekehrung geführt hatte. Seitdem baute er sein Leben auf der Bibel auf. Nichts wäre ihm fremder gewesen als Theologie. Zugegeben, in seiner Gemeinde gab es keinen ausgebildeten Theologen. Wanja war sich dessen schon bewusst, dass er noch viel lernen musste. Nein, er wollte nicht einfach jedes Theologisieren ablehnen. Aber verstehen, verstehen wollte er es, warum Theologie die Menschen so weit auseinandertrieb, ihr Urteilsvermögen so entscheidend beeinflusste, und zwar bis zu dem Punkt, dass sie einander zutiefst abzulehnen begannen.

Wanja drehte sich auf die Seite und beschloss zu schlafen. Und da fiel ihm eine Begebenheit ein. Attila Arpad hatte in Kohtla-Järve eines Tages gepredigt und Wanja und einige andere Jugendliche nach dem Gottesdienst eingeladen, mit ihm die lutherische Kirche zu besuchen.

«Ein Freund von mir wird da heute Nachmittag zum Pastor ordiniert. Er ist ein gläubiger Mann und ein begabter Evangelist.»

Als Wanja seinem Mentor Bruder Kolja von dieser Einladung Arpads berichtete, sagte dieser abweisend: «Unter den Lutheranern gibt es keine wiedergeborenen Christen. Arpad ist da manchmal schon seltsam.»

Wanja ging damals trotzdem mit und erlebte einen recht ansprechenden Gottesdienst.

«Wodurch unterscheiden sich die Lutheraner von uns Baptisten?», fragte er Arpad nach dem Gottesdienst.

«Wir haben vieles mit ihnen gemeinsam. Gott hat in dieser Kirche viel Gutes gewirkt. Und dann gibt es auch ein paar Dinge, die sehen wir verschieden. Die Taufe ist zum Beispiel ein solches Thema. Wir taufen nur bewusst Gläubige, die Lutheraner taufen ihre Kinder und lassen sie später konfirmieren.»

«Aber das ist doch falsch, oder?», fragte Wanja nach.

«Wir sehen es so, da hast du Recht. Die Lutheraner legen aber bestimmte Stellen der Bibel anders aus als wir. Diese fügen sie dann zu einer Theologie zusammen. Es ist ihre Theologie, die sie so glauben lässt.»

«Haben wir denn auch eine Theologie?», fragte Wanja ihn damals.

«Und ob wir die haben. Alle Christen fügen ihre Erkenntnisse zu einem System zusammen. Und ist das System einigermaßen schriftbegründet, so lassen sich die von ihrer Meinung überzeugten Menschen nur sehr schwer vom Gegenteil überzeugen.»

Wanja hörte Arpads Worte so deutlich in seiner Erinnerung, als würde dieser direkt neben ihm stehen. «Du brauchst vor der Theologie keine Angst zu haben», sagte er am Schluss dieses bemerkenswerten Gespräches. «Man muss sich aber immer darum bemühen, zu verstehen, was Menschen glauben – und warum.»

Noch lange bewegte Wanja diese Worte in seinem Herzen. Alle anderen schliefen längst. Tiefer Friede erfasste sein Herz, als er zu Gott betete und ihm dankte für die neu geschenkte Erkenntnis. Seine geliebten Freunde beurteilten die Geschehnisse in der Oleviste-Kirche so unterschiedlich, weil ihre Theologie ihnen die Perspektive vorgab.

Endlich schlief auch er ein.

– 7. –
In der Stadt

«Was machen wir heute Morgen?», fragte Sergej seine beiden Zimmergenossen, nachdem sie unsanft von der lauten Stimme des Hausherrn aus dem Schlaf gerissen worden waren.

«Wie ich die Sachlage gestern verstanden habe, sind wir im Haus eines argen Gegners der Oleviste-Kirche gelandet. Er wird alles tun, um uns in die russische Baptistengemeinde mitzunehmen.»

«Davon bin ich überzeugt. Aber von dem, was er gestern gesagt hat, bin ich gar nicht angetan. Einen Pfingstgeist vermutet er in der Oleviste. Na und?! Ich habe eine Reihe von Verwandten in der Ukraine, die zu einer

Pfingstgemeinde gehören. Es würde mir sehr schwerfallen, sie alle als Irrlehrer abzustempeln», fügte Juri hinzu.

«Pawlow ist ein guter Bruder, aber er hat eben seine Überzeugungen. Das ist wie eine Brille auf der Nase. Die Farbe der Brillengläser entscheidet darüber, ob die Welt da draußen düster, hell oder rosarot ist. Man nennt so etwas Theologie.» Wanja schaute seine Freunde fast triumphierend an. «Diese Erkenntnis ist mir über Nacht gekommen. Ich habe zwar keine Ahnung, wie man die Theologie Pawlows nennt, aber irgendeine Bezeichnung wird sie sicher haben.»

«Er ist ein Dispensationalist, Wanja», klärte Sergej die Freunde auf.

«Kinder, das Frühstück steht auf dem Tisch», hörten sie die freundliche Stimme Vera Petrownas.

«Was ist denn das?», fragte Wanja Sergej.

«Das sind Menschen, die glauben, dass alle Zeichen-Gaben des Heiligen Geistes aufgehört haben zu existieren. Und damit ist auch jede Notwendigkeit, Gottes Machterweise zu erleben, vom Tisch. Das haben die alle von Iwan Kargel.»

Wanja verstand gar nichts.

«Wer ist Kargel? Und wie kann man behaupten, dass Gott keine Zeichen mehr wirkt?»

«Kinder, seid ihr so weit?», hörten sie wieder die Stimme der Hausfrau.

«Wir kommen schon, Vera Petrowna», antwortete Wanja. «Wir kommen.»

«Ich will jedenfalls zur Oleviste-Kirche, egal, was dein Pastor sagt.» Sergejs Stimme war fest und entschlossen.

«Ich auch», erklärte Juri.

«Ich gehe mit euch. Keine Frage. Ich komme mit euch. Fjodor Pawlowitsch wird es schon irgendwie verstehen», sagte Wanja leise, während sie sich zur Küche begaben.

«Da sind unsere Kämpfer vor dem Herrn.» Das breite,

väterliche Lächeln durchzog das ganze Gesicht Pawlows. Die morgendliche Sonne traf ihn direkt ins Gesicht und verstärkte den freundlichen Eindruck noch. Er sah fast aus wie einer jener Heiligen auf den Ikonen in der orthodoxen Kirche.

«Habt ihr gut geschlafen?»

«Nach den Themen gestern, Fjodor Pawlowitsch? Haben Sie da wirklich gedacht ...»

«Warum nicht? Ich kann immer schlafen. Warum sollte der Gerechte auch Sorgen haben, nicht wahr, Wladimir Iwanowitsch?»

Dieser schwieg.

«Nur nicht wieder diskutieren. Nicht vor dem Gottesdienst», befahl Vera Petrowna.

«Aber beten werden wir doch noch dürfen, Mutter?», fragte ihr Mann freundlich. Dann lud er alle ein, ein Wort zu lesen und zu beten. Er öffnete seine Bibel und las 1. Korinther 13,8–10: «Die Liebe hört niemals auf, wo doch das prophetische Reden aufhören wird und das Zungenreden aufhören wird und die Erkenntnis aufhören wird. Denn unser Wissen ist Stückwerk, und unser prophetisches Reden ist Stückwerk. Wenn aber kommen wird das Vollkommene, so wird das Stückwerk aufhören.»

«Preis den Herrn, das Vollkommene ist da. Hier ist es – die Bibel. Jetzt brauchen wir keine Sonderoffenbarungen mehr. Wir haben das Wort, und das Wort allein genügt uns. Lasst uns beten.»

Pawlow betete, dankte für das Wort und den Tag des Herrn und bat Gott, ihm und allen Anwesenden sein Wort groß zu machen. Als er fertig war mit Beten, schaute er die vier jungen Leute ernst an und sagte: «Lasst euch nie auf Dinge ein, die nicht im Wort Gottes stehen.» Dann leuchtete sein Gesicht wieder auf, und er lud alle zum Essen ein.

Es wurde ein fröhliches Frühstück. Kein Wort des Überredens mehr, kein Wort der Ermahnung. Wanja hielt diese merkwürdige Atmosphäre nicht länger aus und sagte dann fest: «Fjodor Pawlowitsch, wir werden ...»

«... doch in die Oleviste-Kirche zum Gottesdienst gehen. Stimmt's? Habe ich erraten, was du sagen wolltest, mein lieber Wanja? Bist du überrascht, dass ich es bereits weiß? Gestern hätte ich versucht, euch davon abzuhalten, aber der Herr hat nachts zu mir geredet. Ich muss euch gehen lassen. Warum bloß? Ich weiß es nicht. Gerne hätte ich es euch verboten. Ich darf es aber nicht. So geht in Frieden. Vergleicht alles mit Gottes Wort. Ich werde für euch beten. Und lasst euch nicht von den blauen Mützen erwischen.»

Seine Stimme klang ruhig, pastoral, väterlich. So kannte Wanja ihn. So liebte man ihn in der Gemeinde. Ein schwerer Stein fiel Wanja vom Herzen.

«Sie sind einfach der Beste, Fjodor Pawlowitsch», sagte Wanja.

«Du hast doch wohl nicht gedacht, dass ich dich zwingen würde, heute Morgen mit uns zu kommen? Nein, Wanja, gezwungen habe ich meinen Sohn. Und sieh, was daraus geworden ist. Zwingen werde ich niemanden, aber beten werde ich für euch. Und Gott, unser Herr, wird zwischen mir und den estnischen Brüdern richten.»

Er schwieg eine Weile, drehte sich dann zu seinem Moskauer Gast und fuhr fort: «So berichte es auch in Moskau, Wladimir Iwanowitsch. Ich versteh nicht, was meine geliebten estnischen Brüder treiben, aber kämpfen werde ich nicht gegen sie. Kämpfen will ich nicht gegen Fleisch und Blut, sondern gegen die Mächte, die da in der Luft herrschen. Und das geht nur im Fasten und Beten.»

«Gut so, Vater, da hat der liebe Gott auch mein Gebet erhört», mischte sich Vera Petrowna ein.

«Ich weiß schon, Frau, du bist wieder einmal weiser gewesen als ich. Aber deswegen habe ich meine Meinung noch lange nicht geändert. Der Herr gab mir die Erkenntnis, er allein soll sie mir nehmen.»

Es war ein herzlicher Abschied von der Familie Pawlow. Und doch hing etwas Melancholisches in der Luft. So als hätte man die Arbeit, an der man gerade eben noch tüftelte, nur halb fertig gemacht; so als hätte man das Wichtigste doch nicht aussprechen dürfen.

«Ich komme bald wieder», rief Wanja den beiden Gastgebern noch zu und schritt dann nachdenklich in Richtung S-Bahn-Haltestelle.

«Das ist wahrlich ein Mann Gottes», sagte Juri, als sie sich ein paar hundert Meter vom Haus entfernt hatten. «Er hat seine Erkenntnis, er kann schlecht über seinen Schatten springen, aber seine Beziehung zu Jesus ist intakt.»

«Gott redet zu ihm. Warum kann der Herr dann nicht auch seine Theologie ändern? Er braucht es ihm ja nur einfach zu sagen», meinte Sergej. «Ich erlebe das bei so vielen älteren Leuten in unserer Gemeinde. Sie sind extrem fixiert auf ihre Tradition, und doch erfahren sie Gott. Warum lässt der Herr das zu?»

«Vielleicht weil er uns damit etwas sagen will. Ein Auto ohne Bremsen ist ja auch ein gefährliches Fortbewegungsmittel. Vielleicht brauchen wir solche Menschen, um geistlich weiterzukommen.» Ljubas Argument klang nicht ganz überzeugend.

«Vielleicht, Ljuba, vielleicht», sagte Wanja und zeigte dann auf die herannahende S-Bahn. «Wir sollten uns beeilen, sonst sitzen wir fest.»

«Tallinn ist eine alte Stadt. Zum ersten Mal bereits im Jahre 1154 von den Arabern als Siedlung verzeichnet, erhielt der Ort 1248 seine Stadtrechte. Und nur wenige Jahre später, 1284, wurde Reval, wie die Stadt damals hieß, das nordöstlichste Mitglied der Hanse. Damals gehörte Estland zur dänischen Krone, die ihren Besitz 1346 an den Deutschen Orden verkaufte. Mehr als zwei Jahrhunderte prägte der mächtige Deutsche Orden diese Stadt. Viele der Wehrtürme, die ihr heute noch seht, wurden in dieser Zeit erbaut. So zum Beispiel jener da. Man nennt diesen Kanonenturm ‹Kiek in de Kök›, weil die Soldaten vom Turm aus in die Küchen sehen konnten, damit niemand verbotenerweise am Sonntag Feuer machte. Aber das habe ich euch schon gestern erzählt, oder?»

Wanja führte seine Freunde in Richtung Altstadt und gab ihnen, so gut er konnte, einen Einblick in die Geschichte der Stadt.

«Und der da heißt bis heute ‹Dicke Margarete›.» Wanja zeigte auf einen weiteren Turm. «Beide Türme wurden im späten fünfzehnten und Anfang des sechzehnten Jahrhunderts gebaut. Auch wichtige Gebäude der Stadt stammen noch aus dieser Zeit, genauso wie das Haus der großen Gilde, welches zwischen 1407 und 1410 gebaut wurde. Aber das zeige ich euch in ein paar Minuten, wenn wir in der Altstadt sind. Wir sollten auf jeden Fall so tun, als wären wir an nichts anderem in der Welt interessiert als an der Geschichte dieses Ortes. Da oben in der Altstadt wird es vor Polizei nur so wimmeln. Denn die Oleviste liegt in der Altstadt.»

Wanja schlenderte mit seinen Freunden durch die Tallinner Altstadt und erzählte diesen aus ihrer langen Geschichte, was er wusste. So hatten sie sich ihre Strategie zurechtgelegt. Sie würden wie überaus interessierte Touristen durch die Stadt gehen. Auf diese Weise würde die allgegenwärtige Miliz am wenigsten ihre Absicht durchschauen, am späten Nachmittag zum Effataa-Abend in die Oleviste-Kirche zu gehen. Sie mussten den Behörden in der Altstadt als gute Touristen auffallen. Und Wanja sollte den Fremdenführer mimen. Zum anderen war es ja auch nicht ganz uninteressant, die schöne Tallinner Altstadt kennen zu lernen.

«Im Jahre 1561 übernahmen die Schweden die Stadt. Auch die Spuren dieser Zeit sind in Tallinn zu finden. Im Dritten Nordischen Krieg, 1700 bis 1721, fiel Estland dann an die Russen. Doch trotz einer massiven Russifizierung Estlands, vor allem durch den Zaren Alexander III. seit 1861, haben die Russen die wenigsten Spuren in Alt-Tallinn hinterlassen. Übrigens, die Altstadt liegt, wie ihr unschwer erkennen könnt, höher als der Rest der Stadt. Man nannte sie Toompea, wörtlich: Domberg, die obere Stadt oder einfach Oberstadt. Hier lebten im Mittelalter die Bürger von Reval.»

Wanjas Erzählung packte das Interesse der Freunde. Oder war es die Stadt selbst, die auf eine seltsame Art und Weise ihre Besucher in ihren Bann zog? Wie konnte man auch anders?! Eine so gut erhaltene Altstadt hatte niemand von den dreien je gesehen. Und angesichts der sozialistischen Bautristesse gab es hier wirkliche architektonische Perlen zu bewundern.

Sie standen mitten auf dem großen Rathausplatz mit seinen panoramaartig eng aneinandergebauten Gilde-Häusern des hanseatischen Adels. Von hier gingen kleine Gassen wie ein verzweigtes Netz in alle Richtungen ab.

«Seht da an der Wand des Rathauses. Seht ihr den Ring? Das war der Prangerplatz. Hatte sich jemand etwas zu Schulden kommen lassen, dann wurde er hier an die Wand gekettet, und jeder Bürger hatte das Recht, dem Armen auf seine Weise klarzumachen, was man von seinem Verhalten hielt. Das hat man übrigens auch mit den ersten Protestanten gemacht. Mit der Übernahme

Estlands durch die schwedische Krone wurde die Stadt protestantisch. Heute ist die evangelisch-lutherische Kirche die stärkste Kirche des Landes. Allerdings sollte man sich das so vorstellen: Hier auf dem Domberg, dem Toompea, lebten ja vor allem deutschsprachige Handelsleute. Bis Mitte des neunzehnten Jahrhunderts durften sich Esten nur in Ausnahmefällen hier ansiedeln. Diese Dominanz der Baltendeutschen wurde erst nach der Übernahme der politischen Macht durch den russischen Zaren gebrochen. Die Esten lebten in der Regel in der Unterstadt südlich des Dombergs.»

Wanja war so begeistert bei der Sache, dass er sogar die immer wieder vor seiner kleinen Gruppe aufkreuzenden Milizmänner übersah. Einmal führte er die Gruppe sogar bewusst in die Nähe eines verdächtig aussehenden Typen. Der sollte ruhig das touristische Interesse der jungen Leute sehen und hören.

«Bruder Kolja, mein geistlicher Vater, pflegt zu sagen: ‹Diesen Typen muss man möglichst direkt vor der Nase herumtanzen, dann bekommen sie am wenigsten mit.›»

«Der Rat deines Bruders scheint perfekt aufzugehen», lachte Ljuba.

Langsam schoben sich die Freunde nun durch die Altstadt. Sie besuchten das Staatsmuseum, die prächtige Kirche von Bruder Kolja, die orthodoxe Alexander-Newski-Kathedrale, genossen ihr Mittagessen in einem der vielen gemütlichen Restaurants und schlemmten zum Kaffee ein Eis in der Cafeteria neben dem Rathaus. Am frühen Nachmittag hatten sie den Eindruck, dass die Miliz sie gar nicht beachtete. Sogar als sie auf den Platz vor die schöne, schlanke Olai-Kirche – oder, wie sie im Volksmund genannt wird, Oleviste-Kirche – traten, kümmerte sich niemand um sie.

«Die Olai-Kirche ist nach dem norwegischen König Olav II. benannt, der die Christianisierung Nordeuropas betrieb», erklärte Wanja seinen Freunden, indem er sich auf einen der Milizionäre in der Nähe des Eingangs zubewegte.

«Genosse, ich würde gerne meine Genossen einen Blick in die Kirche werfen lassen. Wir haben das Meiste in Vana-Tallinn bereits gesehen», sagte Wanja zu ihm. «Wir waren gerade in der Alexander-Newski-Kathedrale, und da ist es irgendwie natürlich, dass man sich danach gleich eine schwedische Kirche ansieht. Sie verstehen schon, aus historischer und besonders historisch-architektonischer Sicht ...»

«Na klar doch. Newski hat ja die Schweden auch vernichtend geschlagen. Man kann bei uns in Tallinn viel lernen.»

Was tat der Polizist doch klug! Die Jahrhunderte zwischen den von Wanja erwähnten Ereignissen und dem Bau der Oleviste-Kirche waren ihm sowieso nicht geläufig. «Nimm den Seiteneingang. Hier vorne wirst du abgeblitzt. Die Esten wollen bei ihrem Gottesdienst nicht gestört werden. Aber junge Genossen, wie ihr es seid, sollten sich die Chance nicht entgehen lassen, da einmal die Nase reinzustecken.»

«Können Sie uns nicht den Eingang zeigen? Wir kennen uns mit Kirchen nicht so gut aus», lachte Wanja den Mann an.

«Bleibt bloß nicht zu lang drin. Die wollen sicher ihre Messe bald feiern, da sollten alle Unbefugten wieder draußen sein.»

Der Beamte ging tatsächlich mit den vieren vor die Seitentür der Kirche. Nur noch ein kurzer Moment, und alle vier waren im Raum. Schnell setzten sie sich unbemerkt auf eine Bank im hinteren Teil.

– 8. –
Effatah heißt offen sein

Im Altarraum wurde gearbeitet. Eine Musikband baute ihre Instrumente auf. Es waren Elektrogitarren und sogar ein Schlagzeug. So etwas hatte Wanja noch nie in einem Gemeindehaus gesehen.

«Wenn ihr Gäste seid, dann rate ich euch, so weit wie möglich nach vorne zu gehen. Hier besteht immer noch die Gefahr, dass man euch aus dem Saal holt», hörten sie jemanden hinter sich leise sagen.

Wanja drehte sich um. Hinter ihm stand Juhan.

«Na, so etwas. Man ahnt nichts Böses und trifft sich doch wieder.»

«Ich meine es ernst, Freunde. Kommt mal mit mir. Wir sollten bis zum Beginn des Abends am besten aus dem Blickfeld verschwinden.

Die vier standen auf und folgten Juhan in ein Nebenzimmer der Kirche. Es war ein großer Raum. An den Wänden standen alte Holzregale mit Büchern. In der Mitte des Zimmers befand sich ein großer Tisch, der Wanja irgendwie an Verhandlungstische bei Regierungssitzungen erinnerte. Wenigstens stellte er sich ein solches Möbel so vor. Am Tisch saßen einige Männer. Einen davon erkannte Wanja sofort. Wie sollte er auch anders? Vor ihm saß der Mann, bei dem er vor wenigen Jahren zum Glauben gekommen war – Bischof Tamm. Dieser drehte sich zu den Eintretenden um und sah sie wohlwollend und zugleich kritisch an.

Juhan erklärte in Estnisch, wer die Freunde waren.

«Schon gut, Juhan. Ich kenne Wanja Richter. Vor zwei Jahren ist er in Kohtla-Järve zum Glauben gekommen. Ich habe nach deiner Bekehrung viel Ärger bekommen, mein Freund, aber dafür bin ich ja auch schließlich Bischof, oder?», sagte er mit breitem Lächeln. Tamm stand auf und bewegte sich auf Wanja zu. Wanja streckte ihm seine Hand hin, aber der Bischof öffnete seine Arme und drückte ihn im nächsten Augenblick fest an sich.

«Welch eine Überraschung! Nach all dem, was ihr da in Kohtla-Järve durchgemacht habt, kommst du hierher.»

«Wir wollten bei einem der russischen Effataa-Gottesdienste dabei sein. Man erzählt so viel davon.»

«Gott ist wirklich am Wirken hier, Wanja. Allerdings ist es neuerdings nicht mehr so einfach, bis zur Kirche vorzudringen. Tja, so ist es halt im geistlichen Leben. Wo viel Licht ist, da sind auch die Schatten nicht weit. Zurzeit versucht der Feind alles, um Gottes Werk zunichtezumachen.»

«Wir sind auch alle auf dem Weg nach Tallinn aus dem Zug geholt und wieder nach Hause geschickt worden. Aber dieses Mal hat der Herr uns in Juhans altem Moskwitsch durchgebracht.»

«Gut, sehr gut, Wanja. Nun, bitte, geht ins Nebenzimmer. Da wird unsere liebe Schwester Marie euch sicher ein Glas Tee servieren. Wir planen gerade den heutigen Abend. Wir sollen auf die russische Sprache verzichten, sagt man uns, aber wie sollten wir, wenn so viele Gäste kommen, die kein Estnisch verstehen? Wie sollten wir?!»

Bischof Tamm ging an seinen Platz zurück, und die Freunde folgten Juhan in den nächsten Raum.

«Du bist bei dem Mann zum Glauben gekommen?», fragte Sergej, «und er ist Bischof?»

«Ja, Sergej. Bischof Tamm ist einer der bekanntesten Theologen des Landes. Seine Artikel erscheinen regelmäßig im Bruderboten, der Zeitschrift unseres Bundes. Und er ist ein leidenschaftlicher Evangelist. Auf seine Initiative geht die Wiederbelebung der jährlichen Evangelisationswochen in den Baptistengemeinden Estlands zurück. Und bei vielen dieser Wochen predigt er auch selbst», antwortete Wanja.

«Und neulich las ich sein neuestes Buch. Es heißt ‹Persönliche Evangelisation› und ist mit der Schreibmaschine geschrieben. Darin ermutigt Tamm besonders junge Leute, für das Evangelium mutiger einzustehen», mischte sich Juhan ins Gespräch.

«Da im Raum, wo die Brüder jetzt tagen, führt er mit Predigern aus ganz Estland Seminare durch. Unter anderem geht es dabei auch immer um Evangelisation. Ich glaube, es gäbe bei uns keine Effataa-Abende, wenn wir nicht alle durch ihn für Evangelisation brennen würden», sagte Marie, die kleine Estin, die recht gebrochen Russisch sprach.

Währenddessen begann im großen Kirchenschiff die Band zu üben. Sie spielten ungewohnt laut, und der Rhythmus erinnerte Wanja eher an die Beatles als an eine kirchliche Musikgruppe. Er hob erstaunt seinen Kopf.

«Heute spielt Sela. Das ist die bekannteste christliche Musikgruppe in Estland. Sie kommen aus einer Methodistengemeinde. Sie spielen recht weltlich, aber ihre Lieder treffen die Herzen der jungen Leute», erklärte Marie. «Ich mag diese laute Musik auch nicht, aber man muss nicht alles mögen, was Menschen hilft, die Gute Nachricht zu verstehen. Wir würden bestimmt nie einen Fisch fangen, wenn wir unsere eigene Lieblingsspeise an den Haken hängen.»

Das klang alles irgendwie vernünftig. Und doch wollte es nicht in Wanjas Kopf. «Braucht Gott solche Mittel, um Menschen zu überzeugen? Und wozu? Muss man sich so weit zur Welt hinunterbeugen, um sie aus dem Sumpf zu ziehen? Und steht man da nicht in der Gefahr, schlussendlich selbst im Sumpf zu landen? Hatte Pastor Pawlow am Ende nicht doch Recht?»

Gedanken über Gedanken gingen in Wanjas Kopf hin und her, und er sah es seinen Freunden an – ihnen schien es nicht viel anders zu ergehen. Sergej war die Skepsis ins Gesicht geschrieben. Je lauter die Musik nebenan wurde, desto deutlicher sah man es ihm an. Alle schwiegen. Auch Juhan. Er war offensichtlich nicht das erste Mal hier. Doch die Gedanken seiner Freunde schienen ihm nicht fremd zu sein. Aber schließlich, so wird er wohl gedacht haben, muss jeder selbst solche Entscheidungen für sich treffen.

«Ich schlage vor, wir bleiben trotzdem», sagte Ljuba. «Gott hat uns auf eine so wunderbare Weise hierher gebracht, da können wir jetzt nicht abhauen, oder?»

Sie hatte Recht. Alle nickten und tranken schweigend den ihnen servierten Tee.

Im Kirchensaal verstummte die Musik. Nach einer Weile forderte Marie die Freunde auf, sich langsam in den Saal zu begeben.

«Sobald man das Gemeindehaus für die Besucher öffnet, strömen Hunderte von Menschen hinein. Da dauert es keine fünf Minuten, und die Plätze sind alle weg», sagte sie. «Wir müssen leider durch das Besprechungszimmer. Da wird jetzt die Band mit den Predigern beten. Bitte seid leise», fügte sie hinzu und öffnete dann die Tür.

Tatsächlich. Um den großen Tisch knieten mehrere junge Männer und Frauen und beteten. Und wie es typisch war für manche Gemeinden in Estland, beteten sie alle gleichzeitig.

Wanja ging langsam an der Gruppe vorbei. Einige Männer hatten schulterlange Haare. Manche lagen tränenüberströmt auf ihren Knien. Ihnen war es offensichtlich sehr ernst um die Sache. Hier wurde gekämpft, im Gebet gekämpft.

Wanja war irgendwie beeindruckt. Seine gerade noch so stürmisch sich aufbäumenden Gedanken verstummten. Menschen, die so vor Gott um Segen rangen, konnten gewiss nicht ganz falsch liegen.

Evangelistische Abende, wie Wanja sie kannte, liefen immer nach dem gleichen Schema ab. Erst trat ein Chor auf, dann folgte die Begrüßung der Gäste mit Gebet, dann kam wieder ein Chorlied, dann sang die Gemeinde, dann gab es ein Gedicht, wieder der Chor, die Predigt und schließlich der Aufruf zur Bekehrung. In den russischen Gottesdiensten konnten leicht drei Predigten statt nur einer einzelnen kommen. Das Schema wurde aber trotzdem eingehalten. Nichts anderes erwartete er auch hier.

Er setzte sich hin und sah um sich. Hunderte von Menschen strömten in den Saal. Und was für Leute das waren! Jung und Alt und quer durch den gesellschaftlichen Gemüsegarten, wie sein Lehrer in Sozialstudien zu sagen pflegte. Manche von den Besuchern trugen große Koffer mit sich. Ein klarer Hinweis darauf, dass sie von weit her nach Tallinn gekommen waren und trotz aller Polizeikontrollen den Weg in die Kirche gefunden hatten. Andere sahen aus, als wären sie gerade eben aus der Psychiatrie entlassen worden. Man konnte ihnen die Spuren ihrer Sucht regelrecht im Gesicht ablesen. Und wieder andere ähnelten den coolen Typen, die Wanja früher so oft in den Diskotheken getroffen hatte, schnieke gekleidet und nur darauf aus, ein Mädchen anzubaggern. Nein, das waren nicht die Menschen, die er so aus seiner Gemeinde kannte. Das Volk, das hier zusammenkam, wirkte auf ihn skurril. Normal gekleidete und normal aussehende Besucher waren offensichtlich in der Minderheit.

Der Abend begann, indem die Band während des Spielens im Altarraum ziemlich hektisch auf und ab lief.

Richtig: sie lief. Dabei wurde die Stille des Kirchenraumes durch lauten Applaus durchbrochen. Einige Jugendliche pfiffen sogar. Es war wie bei einem Konzert einer weltlichen Band. Man feierte Stars. Es gab keine Ansagen. Die Band legte sogleich los und bretterte einen Rocksong herunter, dass das ehrwürdige Gebäude der Olai-Kirche sich vermutlich im Takt zu bewegen begann.

Wanja war schockiert. Das übertraf seine schlimmsten Vermutungen. Die Menge im Saal fing an zu klatschen. Manche pfiffen laut. Andere standen auf und bewegten sich im Takt. «Wie in einer Diskothek!» – der Gedanke durchbohrte Wanjas Verstand. Er sah zu seinen Freunden. Auch diese schienen nicht weniger überrascht zu sein.

Dem ersten Lied folgte ein zweites. Dann lief einer der Musiker zum Mikrophon und sagte etwas in Estnisch. Ein lauter Schwall von Applaus füllte den Raum. Der Techniker drehte seine Stimme überlaut, so dass er die klatschende Menge übertönte. Dieses Mal sprach der Mann Russisch.

«Schalom, Freunde. Das ist ein Effataa-Abend. Es ist ein Jesus-Abend. Jesus ist hier der König. Ihm soll alles gelten, was wir machen. Applaus für Jesus.»

Wieder brach der Saal in lauten Applaus aus.

«Effataa ist ein Wort aus dem Neuen Testament. In Markus 7,34 heißt es, dass Jesus einem Taubstummen die Hände auflegte und sagte: ‹Effatah – öffne dich›. Und dann fand das Unmögliche statt. Der Taubstumme hörte und sprach: ‹Halleluja!›»

«Halleluja!», riefen einige aus der Menge dem Mann zu. Andere klatschten.

«Heute Abend wollen wir Jesus erfahren, Jesus hören, Jesus handeln sehen», rief der Mann. «Und das ist es, worüber wir singen. Effatah – öffne dich!»

Der junge Mann sprang zu seiner Gitarre, und das nächste Lied folgte. Dann noch eines und noch eines.

Mit jedem der Lieder wurde die Menge lauter. Und Wanja wurde es zunehmend unwohler. Wie konnten Arpad und Tamm so etwas bloß geistlich nennen? Was war daran gottgefällig? Wo blieb die Ehrfurcht vor Gott? Die überlaute Musik, die alle Worte übertönte, das unkeusche Gehopse der Band im Altarraum einer Kirche. Da hatte doch Bruder Pawlow Recht. So etwas und Erweckung? Nein, Wanja hatte sich Erweckungen nicht so vorgestellt. Seine Gedanken rasten. Am liebsten wäre er auf der Stelle aus der Kirche gelaufen, doch irgendetwas unvorstellbar Starkes hielt ihn im Raum.

Unterdessen wurden die Lieder etwas leiser und melodischer. Und einer nach dem anderen fingen die Bandmitglieder an, ihr Zeugnis zu erzählen. Hie und da fiel auch ein Wort auf Russisch.

Dann kam ein Mann nach vorne, den Wanja sofort erkannte. Das heißt, er wagte es gar nicht zu denken, dass der, den er da sah, wirklich einer der bekanntesten Sportler des Landes war. Doch tatsächlich, sobald der Mann seinen Mund aufmachte, wusste es Wanja – er war es! Valeri kannte jeder in seinem Verein, das heißt in seinem ehemaligen Boxverein. Mehrfacher Meister der Sowjetunion im Leichtgewicht, der Mann war eine Legende. Wanjas Trainer pflegte zu sagen: «Kühl bleiben, ihr Heißblüter. Kühl wie Valeri.» Wenn man diesem Mann nur schon in die Augen schaute! Sie waren immer leer und kalt gewesen. «Ein solcher Kämpfer hat vor niemandem Angst.»

«Was macht denn der hier in der Oleviste?», fragte Wanja halblaut. «Das kann doch nicht wahr sein!»

Währenddessen hatte Valeri zu reden begonnen.

«Viele von euch wissen, wer ich bin. Wer weiß es?» Eine

Menge von Händen gingen hoch. «Und ihr wisst, wie mich Sportjournalisten nennen. Kalte Schlagmaschine, so nennen sie mich. Und in der Tat, ich war ein solcher Mensch. Jedenfalls wenn ich im Ring stand. Ja, unter den Leuten war ich cool und stark. Aber wenn ich allein war, dann fiel eine tiefe Nacht der Verzweiflung über mich. Manchmal heulte ich wie ein Schlosshund. Jawohl, ich, der harte Valeri. Ich weinte wie ein kleines Mädchen. Letztes Jahr hatte ich von einem solchen Leben die Nase gestrichen voll.» Er machte eine Pause.

«‹Mach mit einem Schlag alle Lichter aus, und du brauchst dieses Affentheater keinen Tag mehr länger zu erleiden›, dachte ich. Aber ein Typ, wie ich einer war, brachte es nicht einmal fertig, sich umzubringen. Mein Selbstmordversuch misslang. Ich landete im Krankenhaus, und hier traf ich Leute von Effataa. Sie erzählten mir von Gott und luden mich ein, an einem Effataa-Abend teilzunehmen. So wie ihr heute, saß auch ich auf der harten Kirchenbank und traute meinen Ohren nicht. Vorne spielten coole Jungs die heißeste Musik, wie ich sie seit Jahren nicht gehört hatte. Und sie erzählten ihre Geschichten. All das hätte auch ich erzählen können. Sie waren alkohol- und drogenabhängig. Nun, ich hatte es erlebt. Sie hatten ihre Mädchengeschichten. Tja, meine eigenen würden bestimmt auch Bände schlechter Liebesromane füllen. Sie wurden enttäuscht, belogen, missbraucht und geknechtet, und genau das war auch mein eigenes Lebensgefühl. Nur: Die hier erzählten ihre Vergangenheit. Ich aber saß in den Reihen und hatte meinen Mist noch bei mir. Jesus habe sie von all dem Druck befreit, sagten sie dann ...»

Wanja hörte Valeri zu und merkte nicht, wie seine Geschichte ihn mitnahm. Vor ihm stand einer der bekanntesten Boxer des Landes und sprach über Jesus, über Bekehrung und einen Neuanfang. Der Ärger, den er noch eben über die Veranstaltung gespürt hatte, war weg. Gespannt hörte er zu, wie Valeri fortfuhr.

«Ich habe mich an diesem Ort zu Jesus bekehrt. Wie das ging? Die Jungs hier luden mich ein, mit ihnen zu beten. Irgendetwas zwang mich regelrecht dazu. Ich sprang von meinem Platz, ging nach vorne und betete dem einen Typen ein Gebet nach. Was dann passierte, ist unbeschreiblich. Als hätte jemand mich an den Füßen gepackt und den ganzen Dreck aus mir rausgeschüttelt. Ich lief zuvor oft mit einem Gefühl herum, als hätte ich einen schwer bepackten Rucksack auf meinen Schultern. Nach dem Gebet fiel diese Last von mir. Es war klasse!»

Der Saal brach in lauten Applaus aus. Aber Valeri fuhr fort. Seine Geschichte traf ins Herz. Wanja sah sich um. Neben ihm saßen ein paar junge Menschen und weinten. Und dann folgte etwas, was er noch nie gehört hatte. Valeri erzählte, wie er nach seiner Bekehrung seinen Eltern begegnete.

«Nach meiner Bekehrung habe ich meinen Eltern geschrieben und ihnen über die Lebenswende erzählt. Natürlich glaubten sie mir nicht. Sie dachten vielmehr, ich sei nun ganz im Suff erstickt und hätte meinen Brief im Wahnzustand geschrieben. Ich kündigte meinen Besuch bei ihnen an, und einige Zeit später flog ich zu ihnen nach Hause. Sie holten mich vom Flughafen ab. Das war ein Bild! Ich sah sie etwas seitlich von der Masse der Wartenden stehen und lief voller Freude auf sie zu. Ich muss euch noch etwas sagen, dann versteht ihr besser, was passierte. Ich habe meine Eltern recht früh verlassen. Geliebt habe ich sie nie, eher schon gehasst. Bereits als kleiner Junge verweigerte ich meinen Eltern jede Zärtlichkeit. An einen Kuss kann ich mich überhaupt nicht erinnern. Unsere Beziehung war immer kalt und distanziert gewesen. Jetzt aber, als ich die beiden da so stehen sah, überfiel mich auf einmal eine sagenhafte Liebe zu ihnen. Tränen strömten mir die Wangen hinunter, als ich endlich vor ihnen stand. ‹Ich habe mich so nach euch gesehnt›, sagte ich zu Mutter, als ich sie wie selbstverständlich umarmte und ihr einen Kuss auf die Lippen drückte. Das Gleiche tat ich mit Vater. Sie waren absolut schockiert. Und als sie endlich begriffen, was ich gerade eben getan hatte, da warf sich meine Mutter mir um den Hals und sagte nur immer wieder: ‹Mein lieber Sohn!› Klasse, was?! – Gott hatte den Eltern ihren verlorenen Sohn wiedergegeben – und dem Sohn seine Eltern. Und nun, meine Freunde, hier sind sie: meine Eltern.»

In der vordersten Reihe stand ein älteres Ehepaar auf und drehte sich zum Publikum. Wanja sah ihre glücklichen Gesichter. Die Masse applaudierte. Auch Wanja. Das hier war einfach zu groß, um nicht dafür dankbar zu sein.

Valeri und seine Eltern setzten sich. Es folgten weitere Lieder der Band. Aber irgendwie störten sie Wanja nicht weiter. Das Zeugnis Valeris hatte ihn mit dem Abend versöhnt.

Dann kam Bischof Tamm nach vorne. Er sprach über den verlorenen Sohn aus dem Lukas-Evangelium, Kapitel fünfzehn. Und er sprach Russisch. «Der handelt sich wieder einmal Ärger ein», kam Wanja der Gedanke. Man hatte ihm doch verboten, den Abend in Russisch zu gestalten! Doch einer wie Tamm hält sich nicht an solche Verbote.

Es war eine starke Predigt. «Es stimmt, wir Menschen haben uns selbst die Misere eingebrockt, in der wir leben. Wir vergiften unsere Städte und Dörfer, Flüsse und Seen mit allerlei Müll, und dann werden wir krank, seelisch und körperlich krank», sagte der Prediger. «Unsere Familien zerfallen, Beziehungen halten nicht lange, und das Einzige, was Hochkonjunktur hat, heißt Wodka. Soll das ein sinnvolles Leben sein? Soll das eine lebenswerte Zukunft versprechen? Doch eher nicht, oder?»

Tamm war ein sehr systematischer Prediger. Wanja selbst hatte sich bei einer seiner Evangelisationen in Kohtla-Järve bekehrt. Doch hier erlebte er einen Mann voller Feuer. Man konnte ihm gut folgen. Seine Worte glichen Skalpellen, die er, ein überaus geschickter Chirurg, gekonnt an die richtigen Stellen des wunden Körpers legte. Hier wurde schonungslos geschnitten, was dem kranken Volkskörper der sowjetischen Gesellschaft längst hätte wegoperiert werden müssen. Und es war beeindruckend, wie geschickt dieser Mann dabei jede politisch inkorrekte Aussage zu vermeiden wusste.

Dann folgte der Aufruf zur Entscheidung. Viele Menschen folgten ihm. Ganz vorne entdeckte Wanja auch Valeris Eltern. Während die Menschen nach vorne gingen, spielte die Band. Es war eine geistlich so stark geladene Atmosphäre, dass es Wanja nicht länger auf den Beinen hielt. Er fiel auf seine Knie und betete für all die Menschen, die nach vorne gegangen waren. Herausgerissen aus dem Gebet wurde er durch die laute Stimme des Bischofs. Dieser rief auch andere Menschen auf, nach vorne zu kommen.

«Kommt her, ihr Mühseligen und Beladenen, ich will euch erquicken», zitierte er Jesus. «Kommt, heute ist ein Effataa-Abend. Heute werden Augen und Ohren geöffnet, Kranke geheilt, Müde mit neuem Mut erfüllt. Kommt und lasst für euch beten.»

Noch mehr Menschen strömten nach vorne. Helfer räumten die ersten Reihen der Stühle und Bänke weg, um Platz zu schaffen. Wanja sah, wie Menschen knieten und wie andere sich neben ihnen niederließen und für sie beteten. Da vorne gab es keine wirkliche äußere Ordnung mehr. Niemand kontrollierte die Situation. Und doch schien alles in einer inneren Ordnung vor sich zu gehen. Unter sanfter Musik der Band kamen und gingen Menschen. Immer wieder sah Wanja Leute, die strahlend an ihm vorbeigingen.

«Gott hat ein Wunder getan», sagte der eine.

«Jesus hat mich geheilt», die andere.

«Ich bin ein neuer Mensch, Gott hat mir die Sünden vergeben. Es ist unglaublich!», sagten die dritten.

Der Strom der Menschen schien nicht enden zu wollen. Wanja lag auf seinen Knien und staunte. Was war das hier? Erweckung?

«Wir müssen fahren, Wanja», hörte er plötzlich neben sich die Stimme Juhans. «Ich sollte morgen rechtzeitig bei der Arbeit sein. Dies hier wird noch lange dauern.»

Wanja stand auf und drängte sich hinter Juhan zur Tür. Da standen schon Sergej, Ljuba und Juri. Ihre verweinten Gesichter sprachen Bände.

«Gott hat Juri geheilt», flüsterte Ljuba Wanja zu und brach erneut in Tränen aus.

«Juri? Warst du denn krank?», wunderte sich Wanja.

«Kommt, Freunde, lasst uns gehen. Wir haben noch einen langen Weg vor uns. Da wird es Zeit genug geben, um über alles zu reden», unterbrach Juhan das Gespräch.

«Wir wollten uns doch am Langen Hermann treffen», wandte sich Wanja an Juhan. «Du gehst in die falsche Richtung.»

«Komm schon mit, Bruder. Wir wollten uns ja auch nicht in der Kirche treffen. Das ist alles Strategie. Man hat hier schon einigen meiner Freunde die Reifen durchstochen, ja, das Auto selbst wurde manchmal beschlagnahmt. Die Miliz macht alles, um unseren Glauben auf die Probe zu stellen. Daher lege ich immer eine falsche Fährte. Ihr hättet ja, wenn man euch festgenommen hätte, nur vom Treffpunkt am Langen Hermann reden müssen. Da hätte man dann auf mich gewartet.»

«Also wusstest du von Anfang an, dass du uns in der Oleviste-Kirche abholst?», fragte Sergej verdutzt.

«Das sicher nicht. Ich habe gehofft, sagen wir es mal so, euch in der Oleviste abzuholen. Und wie ihr seht – es hat funktioniert.»

«Freunde, das ist bestimmt von wenig Belang. Was ist mit dir, Juri, passiert?» Wanja war gespannt auf das, was mit Juri geschehen war.

Sie erreichten den Parkplatz, bestiegen das Auto, und Juri fing an zu erzählen. «Ich habe eine merkwürdige Krankheit. Mein ganzer Bauch war voller faustdicker Geschwüre. Diese entwickelten sich oft aus dem Nichts, verschwanden auch manchmal von selbst. Aber immer wieder vereiterten einige von ihnen. Ich hatte praktisch immer Schmerzen.»

«Deshalb war er auch so still und sagte so wenig», erklärte Ljuba.

«Warum hast du uns denn nichts davon erzählt?»

«Für mich wurde schon so oft gebetet. Es hat alles nichts geholfen.»

«Wir waren auch in Leningrad in der Gemeinde. Jakow Wassiljewitsch hat für Juri gebetet. Er hat uns nur nicht erkannt. Doch nichts ist passiert.»

«Als Valentina geheilt wurde, da dachte ich schon daran, den Mann an mein Problem zu erinnern, aber ich traute mich nicht.»

«Und jetzt hast du dich die ganze Zeit hier mit uns gequält», stellte Wanja traurig fest.

«Mir ging es wirklich nicht gut. Aber ich hatte diese innere Gewissheit, dass ich unbedingt nach Tallinn musste. Eigentlich hatte ich mich bereits mit meinem Schicksal abgefunden. Aber Ljuba ermutigte mich, es doch noch einmal zu versuchen.» Zärtlich legte Juri die

Hand auf die Schulter seiner Frau. Sie saß auf dem vorderen Sitz und konnte ihre Tränen nicht halten.

«Erzähl mal, Juri, wie war es denn für dich? Wie hat Gott dich geheilt? Ich finde das alles so spannend.» Wanja konnte es nicht abwarten, bis Juri seine Heilungsgeschichte erzählte.

«Mir ist es vermutlich genauso ergangen wie euch», fing Juri an zu erzählen. «Als die Band mit ihrer Höllenmusik anfing, da wurde mir angst und bange. Ich sah zu euch rüber und spürte nur, wie ein innerer Protest mich völlig in Besitz zu nehmen drohte. Meine Schmerzen wurden unerträglich. Die Bauchgeschwüre schwollen wie noch nie zuvor an. Ich hatte den Eindruck, meine Bauchdecke würde platzen. Ich wollte nur raus, aber meine liebe Frau legte ihren Arm um meinen Rücken und beruhigte mich doch irgendwie. Und dann war da das Zeugnis dieses Boxers. Wie hieß er noch mal?»

«Valeri heißt der Mann. Ich habe auch etwas geboxt, und Valeri war damals unser Idol. Ihn in der Kirche zu sehen, das war einfach extraordinär.» Wanjas Augen strahlten.

«Sein Zeugnis hat mich gepackt. Irgendwie spürte ich keine Schmerzen mehr. Als dann das Wort des Pastors ertönte, schien ich längst bereit zu sein, Gott zu vertrauen. Pastor Tamm machte uns ja die Liebe des sorgenden Vaters so wichtig. Ich habe das Gleichnis vom verlorenen Sohn bis jetzt immer als ein Wort der Ermahnung an die ungehorsamen Söhne gehört. Aber Tamm sprach über den Ungehorsam der Menschen, um einen Boden zu schaffen, auf dem er den Vater und seine Liebe zu uns Menschen darstellte. So wie er den Vater darstellte, das ergriff mich ganz. Einem solchen Vater konnte ich mich anvertrauen. Und dann lief alles sehr schnell. Menschen gingen nach vorne. Und der Ruf an die Kranken folgte. Es war ein Ruf an mich. Und ich ging. Ljuba kam mit mir. Ich fiel vorne auf meine Knie. Lange kam niemand zu mir. Dann kniete sich jemand neben mich und betete für mich in Estnisch. Ich verstand nur so viel, dass es Estnisch sein musste. Der Bruder tat nichts Außergewöhnliches. Er betete. Dann sah er mich an, zeigte auf meinen Bauch und sagte: ‹Gott will dich gesund machen, Bruder.› Ein stechender Schmerz erfüllte daraufhin meinen Bauch. Mir schnürte es die Luft ab.»

«Vertraue dich Gott an», sagte mir der Mann. «Er ist unser Arzt. Du hast eine Knotenbildung in deiner Haut. Gott aber löst die Knoten.»

Dann betete er wieder auf Estnisch. Währenddessen brannte mein Bauch wie Feuer. Seine letzten Worte kamen wieder auf Russisch. «Heile ihn, Herr, jetzt!» Er legte mir seine Hand auf den Bauch. Das Brennen ließ allmählich nach. Ich spürte einen unbeschreiblichen Harndrang. Ich sagte es dem Mann, und er ließ mich zur Toilette gehen. Da verließen mich mehrere Liter einer unangenehm riechenden Flüssigkeit. Braun, dunkelbraun war mein Urin. Und mit jeder Sekunde änderte sich mein Zustand. Als ich fertig war, öffnete ich mein Hemd. Und seht selbst – mein Bauch gleicht einem Babybauch.» Juri riss sein Hemd hoch, und tatsächlich – keine Spur mehr von Verknotung und Geschwülsten.

Jetzt weinte nicht nur Ljuba.

«Gott hat mich geheilt. Es ist ein Wunder. Ihm allein gebührt dafür die Ehre!»

Juhan hielt seinen Moskwitsch an. Auch er konnte vor lauter Tränen nicht mehr fahren.

«Lasst uns hier beten. Wenn wir so am GAI-Posten ankommen, dann nehmen die doch an, wir kommen von einer Trauerfeier, und testen uns dann prompt auf Alkohol», sagte er.

Wie auf Kommando beteten alle zugleich los. Sie waren Zeugen eines Wunders geworden, Augenzeugen. Jetzt sollte Gott ihren Dank hören.

– 9. –
Dispensationalisten sehen anders

Wanja wachte am Montag erst gegen Mittag auf. Er war spät ins Bett gekommen. Die Fahrt durch die Nacht, dann der Abschied von Sergej und Juri mit Ljuba und nicht zuletzt die aufregenden Ereignisse in Tallinn – all das hatte ihn sehr müde werden lassen.

«Steh doch endlich auf, Wanja», rief seine Mutter ins Zimmer. «Du hast einen Gast.»

Wanja wälzte sich aus dem Bett und torkelte, immer noch schlaftrunken, in die Küche. Am Tisch saß Bruder Kolja, sein Mentor. Sie begrüßten sich liebevoll, und nach einigen üblichen Allgemeinsätzen fiel Bruder Kolja mit der Tür ins Haus.

«Du warst gestern in der Oleviste-Kirche, stimmt's?»

«Ja. War ich, Bruder Kolja. Lass es dir sagen, Bruder, es war eine sehr merkwürdige Versammlung.»

Dann erzählte er seine Geschichte.

Bruder Kolja hörte aufmerksam zu. Manchmal nickte er, als wollte er Wanjas Urteil bestätigen, dann aber wiederum schüttelte er heftig mit dem Kopf, so als wäre er völlig entsetzt.

«Effataa nennen die Esten diese Abende. Das ist ein biblisches Wort. Es kommt in Markus 7,34 vor. Da sagt Jesus zu einem Taubstummen, er solle sich öffnen. Effataa will also unser Land für Gottes Wirken öffnen. Ist das ein Vorzeichen einer großen Erweckung, Bruder Kolja?», fragte Wanja.

«Was meinst du selbst? Ich war noch nie dabei. Du hast es ja persönlich erlebt. Was meinst du?»

«Ich weiß es nicht, Bruder. Eines weiß ich, Gott hat an diesem Abend gewirkt. Die Musik war meiner Meinung nach unanständig, die Zeugnisse waren außerordentlich gut, so wie das Wort der Predigt – und das Ergebnis liegt auf der Hand. Was ist es denn jetzt?»

«Ich will mir kein Urteil anmaßen, Wanja. Aber gefallen tut mir die Sache nicht. Kann denn Gott eine solche Musik wollen? Ist es in seinem Sinne, wenn junge Männer sich schulterlanges Haar wachsen lassen? Ist es in seinem Sinne, wenn in der Kirche geklatscht und gepfiffen wird? Ich denke nicht. Auch der Teufel kann Menschen heilen: Er ist ein Affe Gottes.»

«Der Teufel hat Juri nicht geheilt. Entschuldige, Bruder Kolja, aber das geht mir entschieden zu weit.»

«Habe ich auch nicht gesagt», ruderte Bruder Kolja zurück. «Die Zeit wird bestimmt zeigen, ob Effataa in Tallinn von Gott oder eher von unten ist. Immerhin gibt es ja auch Berichte über Entgleisungen. Man sagt, es gab Fälle von Zungenrede, und sogar Hurerei ist angeblich vorgekommen.»

«Du hast das von Fjodor Pawlowitsch, stimmt's?» unterbrach ihn Wanja.

«Ja, er hat mich angerufen. Aber nicht nur er ist da kritisch. Mehrere Brüder haben sich das Effataa-Spektakel angesehen. Sie kommen alle zum gleichen Urteil.»

«Russen und Deutsche», parierte Wanja wieder.

«Warum? Nicht nur Russen und Deutsche!»

«Na, dann halt noch Ukrainer, Weißrussen und so weiter. Warum denken da die Esten bloß ganz anders? Arpad zum Beispiel.»

Bruder Kolja kannte Wanjas große Liebe zu Arpad.

«Das versteh ich auch nicht, aber ...» Bruder Kolja wollte gerade zum nächsten Argument ausholen, aber Wanja unterbrach ihn.

«Und was sagst du zu Jakow Wassiljewitsch aus Leningrad? Er hat sich überaus positiv zu den Oleviste-Gottesdiensten geäußert. Der ist sogar ein Russe.»

«Ach, der liebe Jakow Wassiljewitsch. Wenn der etwas von übernatürlicher Heilung hört, dann wird er total unkritisch.»

«Uns hat er jedenfalls die Ereignisse recht sachlich erklärt», warf Wanja etwas gereizt ein. Bruder Koljas Rigidität in der Frage ärgerte ihn zunehmend. So kannte er seinen Mentor nicht. Er war sonst immer sehr flexibel, wenn es um Evangelisation ging. Von ihm hätte Wanja eher Argumente für die weltliche Musik erwartet. Er hörte schon, wie Bruder Kolja sagen würde: «Musik sollte die Menschen da abholen, wo sie sind.» Aber jetzt kam alles anders.

«War Jakow Wassiljewitsch auch in Tallinn?», fragte Bruder Kolja.

«Das nicht, aber er war am Freitag bei Elisabet.»

«So-so, bei der Elisabet, beim Freitagsgebet.»

«So ist es, Bruder Kolja. Und es war großartig.»

Wanja erzählte jetzt auch, was am Freitag alles passiert war. Aber Bruder Kolja schien nicht wirklich zuzuhören.

«Es wäre bestimmt besser für dich und auch für unsere ganze Kohtla-Järver Jugend, wenn du nicht gleich allen von deinem Oleviste-Besuch erzählst», sagte er leise. «Solange wir nicht genau wissen, was hinter der Bewegung wirklich steckt, sollten wir unsere Hände davon lassen. Natürlich kann ich dir das nicht befehlen, aber bitten möchte ich dich schon.»

Bruder Kolja erhob sich von seinem Platz und verließ bald darauf das Haus.

«Heute Abend ist Evangelisationstraining. Nicht vergessen!», rief er Wanja noch zu.

Der junge Mann blieb allein in der Küche. Der Besuch Bruder Koljas stieß ihm negativ auf. Er war innerlich wieder hin und her gerissen. Genauso wie in der Wohnung von Pawlow.

«Ist Bruder Kolja auch ein Dispensationalist?», kam Wanja auf einmal der Gedanke. «Aber was um alles in der Welt ist denn ein Dispensationalist?»

Sergej hatte Pawlow so bezeichnet. Es sollte eine Art Theologie sein, eine Brille, durch die man die Bibel liest und Ereignisse wie die in der Oleviste-Kirche beurteilt. Wanja hatte nicht mehr als dieses eine Stichwort und ein paar Erklärungen Sergejs in Erinnerung. «Es kam zu uns durch Iwan Kargel», hörte er Sergej sagen. Aber wer war denn dieser Iwan Kargel? Er musste darüber unbedingt mehr wissen.

Das Thema stach ihn mittlerweile wie der berühmte Hafer in der Hose. Er musste die Frage dringend klären. Wen sollte er fragen? In seiner Gemeinde gab es nur einen einzigen theologisch gebildeten Mann. Pjotr Petrow hatte die theologischen Fernkurse in Moskau besucht. Ihn wollte er fragen. «Effatah – öffne dich», sagte Wanja laut. «Ich will nicht mehr einfach blind einem Bruder nacheifern. Ich will Gewissheit. Biblische Gewissheit!»

– 10. –
Wo es Antworten gibt, sind Fragen überflüssig

Wanja traf Petrow im Gemeindehaus.

«Gehst du heute Abend zu Bruder Kolja?», fragte der Mann nach einer kurzen Begrüßung. «Der hat wieder ein paar seiner revolutionären Ideen zum Thema Evangelisation. Eines Tages landet er und mit ihm auch ihr alle im Gefängnis.»

Wanja lachte laut.

«So schlimm wird es schon nicht kommen. Wir passen auf.»

«Das sagen alle, aber die Erfahrung lehrt uns doch etwas anderes.»

Wanja kannte das ängstliche Wesen Petrows, der, wie man sagte, in seiner Jugend massiv «durch den Fleischwolf des KGB gedreht worden war» und jetzt einfach Angst hatte.

«Pjotr Nikolajewitsch, ich bin zu Ihnen mit einer theologischen Frage gekommen. Ich weiß wirklich nicht, wer mir sonst die Frage beantworten könnte.»

Petrows Gesicht leuchtete auf. Nichts in der Welt liebte er mehr. Er las viel und wusste auch viel, aber in einer Landgemeinde wie der in Kohtla-Järve mit den recht extremen Ansichten ihrer Leiter interessierte sich kaum jemand für Theologie.

«Dann schieß los. Mal sehen, ob ich dir helfen kann.»

«Also, was ist denn eigentlich Dispensationalismus?», fragte Wanja neugierig.

«Du kommst aber mit Fragen! Alles andere als das hätte ich von dir erwartet. Aber nun, deine Frage ist nicht so schwer. Der Dispensationalismus ist eine theologische Denkrichtung, und die Bezeichnung stammt vom englischen Wort ‹dispensation›, was so viel wie Zeitraum oder Periode heißt. Es ist eine Lehre, die davon ausgeht, dass die Geschichte Gottes mit den Menschen in Perioden einzuteilen ist, Dispensationen eben. In jeder Zeitepoche offenbart sich Gott den Menschen auf eine besondere Art und Weise.»

«So wie im Alten Testament als Gott Israels und im Neuen Testament als Jesus, der Messias», fügte Wanja ein.

«Ja, genau, aber das sind laut dem Dispensationalismus nicht die einzigen Epochen. Wie viele es insgesamt sind, da streiten sich die Geister. Iwan Kargel, der berühmte Bibellehrer aus St. Petersburg, hatte diese Lehre unter den Gläubigen im russischen Reich bekannt gemacht. Kargel lehrte, dass es sieben Zeitepochen in der Heilsgeschichte gibt. Auf jeden Fall leben wir heute in der Zeit der Gemeinde und des Wortes. Diese Periode hat mit dem Abschluss des Kanons des Neuen Testaments im vierten Jahrhundert begonnen. Seit dieser Zeit hat die Gemeinde Jesu das Wort und bedarf keiner besonderen Offenbarungen mehr. Du weißt ja, davor gab es Propheten im Alten und Apostel im Neuen Testament. Jetzt aber haben wir das Wort.»

«Sie sprechen ja so überzeugt, Pjotr Nikolajewitsch, als wären Sie selbst auch ein Dispensationalist.»

«Und ob. Natürlich bin ich einer. Alle Evangeliums-Christen-Baptisten sind es. Na, sagen wir mal: fast alle. Du wirst unter den Esten auch anders denkende Brüder finden. In der Masse aber sind wir alle Kargelianer.»

«Was sind wir?»

«Kargelianer. Nachfolger Kargels», meine Pjotr.

«Lehnen Dispensationalisten Gottes Wunder ab?», fragte Wanja weiter.

«Bestimmt nicht. Aber sie denken, dass sie für ihren Glauben nicht Wunder, sondern das Wort brauchen.

Große, berühmte Dispensationalisten erfuhren große Wunder. Georg Müller zum Beispiel, der Waisenvater aus Bristol in England, war ein solcher Mann. Und doch baute er seinen Glauben nicht auf Wundern, sondern auf dem Wort Gottes aus. Der Glaube kommt aus dem Wort, sagt Paulus in Römer zehn.»

«Aber warum heißt es dann in den Evangelien immer, dass Menschen die Wunder Jesu sahen und dann an ihn glaubten?», wollte Wanja wissen.

«Zweierlei fehlte damals noch: Das Wort und der Geist waren noch nicht da.»

«Aber ist Jesus nicht das Wort an sich? Und ist er nicht Gott? Das und genau das besagt ja Kapitel eins im Johannes-Evangelium.»

«Du hast Recht, und doch ist das nicht dasselbe. Erst mit der vollen Annahme der Texte des Neuen Testaments durch die Kirchenväter im Jahre 325 hat die Gemeinde das unumstößliche Wort. In 1. Korinther 13,8–12 deutet Paulus das an. Das Wort: ‹wenn das Vollkommene kommt›, weist hier auf das Neue Testament hin.»

«Jetzt verstehe ich», sagte Wanja nachdenklich. Vor seinen Augen stand Fjodor Pawlowitsch. Genau dieses Wort hatte der Mann zum Schluss ihrer Begegnung gelesen. Nichts anderes hatte er ihm und seinen Freunden gewünscht, als dem Worte Gottes treu zu bleiben.

Währenddessen sprach Petrow weiter. Er erzählte von der großen Krise der evangelischen Gemeinde Anfang des 20. Jahrhunderts, als die Pfingstbewegung einen schwärmerischen Geist in die Gemeinde der Gläubigen hineinbrachte. «Da war es genau diese Lehre, die die Brüder befähigte, sich gegen alle Schwärmerei zu stemmen. In Berlin wurde eine Erklärung unterschrieben, die jeden Geist, der sich außerhalb des Wortes Gottes auf weitere Offenbarung stützt, als von unten kommend bezeichnet. Die Väter der damals noch jungen evangelischen Gemeinde in Russland, Oberst Paschkoff und Modest Korff, gehörten zu den ersten Unterzeichnern dieser Erklärung.»

Wanja hörte aufmerksam zu. Wenn das alles wahr war, was Petrow ihm sagte, dann barg Effataa auf jeden Fall eine schwärmerische Gefahr in sich. Ohne langes Drumherum-Reden fragte er deshalb direkt nach:

«Pjotr Nikolajewitsch, was halten Sie von den Effataa-Treffen in der Oleviste-Kirche?»

«In meinen Augen ist das eine ehrliche Bewegung, die sich um einen geistlichen Aufbruch bemüht.»

«Aber müssten Sie diese nicht ablehnen? Dispensationalisten glauben doch nicht an Wunder! Das haben Sie doch gerade eben behauptet!»

«Wenn du mich so verstanden hast, dann hast du mich allerdings völlig missverstanden. Dispensationalisten glauben nicht, dass Wunder notwendig sind, um Glauben zu wirken. Der Glaube kommt aus dem Wort. Aber wenn der Glaube in ein Menschenherz fällt, dann ist das doch das größte Wunder überhaupt. Oder ist das etwa nicht so? Nein, wir Dispensationalisten glauben schon, dass da, wo Menschen dem Wort gehorchen, Gott auch Wunder wirken wird. Wir glauben zwar nicht, dass es Zungenrede sein wird und Prophetie, da diese Gaben aufgehört haben zu existieren. – So sagt es der Apostel Paulus im ersten Korintherbrief in Kapitel dreizehn. Aber Gottes wunderbares Wirken ist ja nicht nur an so etwas gebunden.»

Dann fing Petrow an zu erzählen, wie Gott ihn in seinem Leben schon oft wunderbar durchgetragen hatte. Sogar eine Heilung hatte er erlebt. «Nein, wer behauptet, Dispensationalisten würden nicht an einen Gott der Wunder glauben, der irrt sich.»

«Aber warum lehnen dann einige unserer Brüder das,

was in der Oleviste passiert, so sehr ab?», ließ Wanja nicht locker.

«Soll ich es dir sagen, mein Junge? Aber bitte behalte es für dich. Versprichst du es mir?»

«Ja, ich verspreche es.»

«Dahinter steht nur einer – nämlich der Feind. Und dieser Feind hat in unserem Land einen starken Verbündeten – den Staat mit allen seinen Machtinstrumenten. Wie soll der sich über die Bekehrung von leitenden kommunistischen Funktionären freuen? Sag mir das mal bitte. Wie soll er sich zum Beispiel über die Bekehrung der Eltern von Valeri Petruschenko freuen? Gestern sind diese hochgestellten Funktionäre aus Moskau in einem Effataa-Gottesdienst zum Glauben gekommen.»

«Waren Sie dort?», fragte Wanja verwundert.

«Nein, aber Bischof Tamm rief mich an.»

«Aber ich war da, und deshalb frage ich Sie das alles. Ich war vor dem Abend bei Fjodor Pawlowitsch Pawlow und der ...»

«... und der hat dir gesagt, dass das alles von unten kommt, stimmt's?»

«Stimmt.»

«Schau, Wanja, das ist doch unser Dilemma. Wir haben viele ehrliche, herrlich begabte Pastoren, so wie Fjodor Pawlowitsch. Aber was ihnen allen fehlt, ist Ausbildung. Sobald etwas anders läuft als das, was sie von ihren Glaubensvätern gelernt haben, schlagen sie Alarm. Und selbstverständlich mit der Bibel in der Hand. Fjodor Pawlowitsch beklagt die Musik in der Oleviste-Kirche. Aber wenn diese laute elektrische Musik unbiblisch wäre, dann müsste er ja die Bibelstellen angeführt haben, die das klar belegen. Hat er aber nicht. Und er kann es auch nicht. Es gibt nämlich solche Stellen nicht. Wenn er etwas zitiert, dann sind das nur Bibelstellen, die erst in Richtung Musik ausgelegt werden müssen. Das ist aber einfach unredlich.»

Petrow geriet in Fahrt. Er schien völlig vergessen zu haben, mit wem er sprach.

«Und diese Naivität nutzen jetzt die Behörden schamlos aus. Sie verbreiten Gerüchte von angeblich unzüchtigen Vertretern der Bewegung, schicken ihre Agenten rein, diese bekehren sich zum Schein und treiben dann Hurerei, um Gottes Werk zu diskreditieren. Sie wissen genau, all das ist Wasser auf die Mühlen Konservativer und erst recht auf die Mühlen einfach gestrickter Prediger. Sie sind es, die die schlechten Nachrichten aufgreifen, und dann sind wieder Spaltungen vorprogrammiert. Dir sollte eine Tatsache zu denken geben, mein Junge. Es sind nur nicht-estnische Pastoren, die gegen Effataa wettern. Und warum? Ich sage es dir – die Esten sind gebildet. Bei uns sind dagegen oft einfache und ungebildete Männer am Ruder. Und die haben Angst vor Menschen, die das Leben etwas differenzierter sehen.»

«Dann wäre es Ihres Erachtens gar nicht falsch, weltliche Musik in der Kirche zu spielen?»

«Ich glaube, Wanja, es gibt keine weltliche oder christliche Musik. Die meisten Lieder, die wir heute singen, kommen aus der Welt. Die Frage ist nicht, was weltlich ist und was nicht. Die Frage ist nur: Welches Mittel hilft mir, das Evangelium in die Herzen der Menschen zu singen oder zu reden? In der Oleviste-Kirche kommen Sonntag für Sonntag Menschen aus völlig atheistischem Kontext zum Glauben. Bei uns findest du solche Menschen erst gar nicht. Hast du dir schon einmal darüber Gedanken gemacht, warum sie zur Oleviste fahren, und zwar trotz einer enormen polizeilichen Blockade der Kirche, und zu uns nicht? Denk einmal darüber nach!»

In diesem Moment betrat ein altes Mütterchen den Raum. Man sagte der alten Frau nach, sie sei Informantin der Geheimpolizei. Petrow änderte prompt das Thema und sprach weiter, als wäre es gerade die Basis der Unterhaltung gewesen: «Sag deinen Jugendlichen, sie sollen keine Dummheiten machen. Im Gottesdienst dürfen nur Leute teilnehmen, die achtzehn Jahre und älter sind. Nicht wahr, Baba Manja?»

Die Alte tat so, als hätte sie Petrows Satz erst gar nicht verstanden.

«Ich wollte hier nur auf Pastor Pons warten», erklärte sie ihr Eindringen.

«Kein Problem, Baba Manja. Wanja und ich sind im Grunde schon fertig. Er ist ein guter und gehorsamer Junge», antwortete ihr Petrow.

«Das wird wohl so sein. Das wird wohl so sein», brummte die Frau vor sich hin und nahm unweit der beiden Platz. Sie hörte schlecht, schien aber doch alles mitbekommen zu wollen, was sie hier untereinander besprachen.

Die beiden Männer standen auf, und Wanja verließ das Gemeindehaus. Er freute sich. Petrow hatte ihm wirklich geholfen. Er musste sich nicht über die Glaubensechtheit seiner Brüder Gedanken machen. Genauso wenig würde er ab jetzt jeden ihrer Sätze für die absolute Wahrheit Gottes halten. Er wollte Petrows Aussage beherzigen und Meinungen am Wort Gottes prüfen. Und studieren, Theologie studieren, das wollte er auch.

Wanja verließ das Gemeindehaus im Stadtteil Kava. Von hier aus waren es drei bis vier Kilometer bis zur Wohnung von Alexej und Katharina, dem jungen Ehepaar, bei dem sich einige junge Leute aus der Gemeinde trafen. Diese hatte Nikolai Stepanow, von allen «Bruder Kolja» genannt, zu einem Arbeitskreis für kreative Evangelisation eingeladen.

Wanja hatte noch viel Zeit, und so beschloss er, zu Fuß

zu gehen. Es war ein sonniger Aprilnachmittag. Der Schnee war schon fast überall getaut. Nur in den schattigen Ecken der Höfe lagen noch schmuddelige Haufen dessen, was man sonst weißen Schnee nennt. Und Schnee gab es im Winter viel. Weiß war er allerdings nur in den ersten Stunden nach dem Schneefall. In Kohtla-Järve mit all den industriellen Abgasen blieb der Schnee nie lange weiß.

Wanja marschierte durch die Stadt. Seine tagelangen Spannungen hatten sich gelöst. Er hatte Frieden in seinem Herzen. Klar, Hunderte von Fragen waren immer noch ungelöst, und weitere Fragen würden bestimmt noch dazukommen, aber Gott, sein Vater, würde ihm schon rechtzeitig eine Antwort geben. Das hatten die so vollen drei Tage gezeigt. Er hatte in einer geballten Intensität wichtigen Männern Gottes zugehört. Alle hatten sie ihm entscheidende Impulse gegeben. Nein, sie waren sich nicht immer einig. Sie widersprachen sich sogar, aber er, Wanja, hatte dadurch lernen können.

«Da sage einer, Gott ist nicht groß. Er versteht es sogar, da, wo alle Wege in die Sackgasse führen, einen Weg zu bahnen», dachte er froh.

Sein Blick fiel auf einmal auf ein kleines Maiglöckchen. Es hatte sich mitten auf dem Asphalt neben dem Abwassergulli den Weg zum Licht gebahnt. Es war das erste Maiglöckchen, das Wanja dieses Jahr sah. Weit und breit war kein Grün zu sehen. Die Straßen, die Häuser, ja die ganze Stadt waren grau in grau, schmuddelig und unschön. Und dann das hier. Wanja blieb stehen. Er bückte sich zum Blümchen hinunter und bewunderte es. «Es hat seine Wärme am Abwasserkanal gefunden und nicht in einem Feld. Der Bürgersteig gibt ihm die Erde zum Wachsen. Jede Minute kann einer der unaufmerksamen Fußgänger es tottrampeln, und trotzdem lebt es. Ein Vorbote des Frühlings. Der Erstling unter bald vielen

Maiglöckchen und dann der ganzen Blumenpracht des herannahenden Frühlings. Was für ein Bild!», dachte Wanja.

«Dieses kleine Blümchen verkündet der ganzen Welt laut: ‹Öffnet euch – der Frühling kommt. Und Effataa in der Oleviste-Gemeinde *ist* dieses Blümchen. Eine Zeit des geistlichen Aufbruchs für euer Land naht.» Wanja hörte deutlich, wie jemand diese Worte in sein Ohr sprach. Er sprang hoch, sah sich um, aber in seiner Nähe war niemand. Er blickte nach oben. Nur wenige Wolken durchzogen das blaue Himmelszelt. Eine dieser Wolken ähnelte einem Gesicht. Und es kam Wanja vor, als würde dieses Gesicht zu ihm sagen: «Der Winter ist fast vorbei. Der Frühling naht», und dann in den Worten des Propheten Jesaja: «Siehe, was ich früher verkündigt habe, ist gekommen. So verkündige ich auch Neues; ehe denn es aufgeht, lasse ich's euch hören.» Wanja kannte das Wort aus Jesaja 42,9. Er liebte es.

Sein Blick ging zurück zum Maiglöckchen. Jemand hatte es angestoßen. Wanja hatte es gar nicht gemerkt, dass er den anderen Fußgängern den Weg versperrt hatte. Sie versuchten ihn zu umgehen. Und so hatte jemand das Blümchen fast niedergetrampelt.

Wanja schaute nach vorne. Eine junge Frau war eben an ihm vorbeigegangen. Ihr Rock entblößte ihre Rundungen, und der betonte Gang unterstrich ihre Reize. So etwas sprach jeden jungen Mann an. «Nimm deine Augen vom Objekt der Versuchung, und der Versucher hat kaum eine Chance bei dir», kamen ihm die Worte Onkel Koljas in den Sinn.

Wanja tat genau das und sah wieder zurück zum Blümchen. Schief und etwas zusammengekauert stand es da. Er bückte sich noch einmal hinunter und richtete es auf. Dann ging er seinen Weg weiter. «Ich will ein solcher Vorbote deiner Erweckung sein, Herr», betete er. «Effatah! Jesus – öffne mich!»

– 11. –
Das Leben für Jesus riskieren

Wanja erreichte die Wohnung von Alexej gerade noch rechtzeitig. Onkel Kolja war bereits dabei, ein Wort aus der Bibel zu lesen.

«Das ist aber gut, dass du kommst, Wanja. Und du hast Papier gekauft. Wo hast du es gefunden? Bei uns im Stadtteil war nichts zu bekommen», begrüßte ihn Stepanow freundlich. «Ich dachte schon, wir müssen heute auf das Schreiben verzichten.»

«Deshalb bin ich ja zu spät. Ich habe ebenfalls die meisten Geschäfte durchstöbert. Irgendwie erinnerte ich mich an den kleinen Laden ganz in der Nähe des Gemeindehauses in Kava. Ich glaubte mich daran erinnern zu können, dort schon mal Papier gesehen zu haben. Und so war es auch. Es ist zwar kein Schreibwarenladen, aber möglicherweise ist das sogar besser so.»

«Es ist besser, Wanja», gab Stepanow ihm Recht. «Der KGB wird mit Sicherheit nach uns suchen. Sie werden das Papier analysieren und versuchen herauszufinden, wo es gekauft wurde. Wer wird da auf den Gemischtwarenladen in Kava kommen? Da ist bestimmt der Herr am Wirken. Er hat dich zu diesem Laden geführt. Aber jetzt sollten wir ein Wort aus der Bibel lesen und uns dann an die Arbeit machen.»

Er las einen Abschnitt aus der Apostelgeschichte und betete anschließend um den Segen für das Vorhaben.

«So, meine lieben Evangelisten. Dann wollen wir mal.» Alle sahen gespannt auf ihn. Stepanow hatte beim letzten Treffen eine super Methode angekündigt. Jeder sollte Lederhandschuhe, Papier und Schreibzeug mitbringen. Wie man damit evangelisieren sollte, erschloss sich aber niemandem.

«Alle Handschuhe dabei? Gut. Schreibzeug? Na, ist ja klasse. Und Papier hat Wanja gebracht. Also, was wir in ein paar Minuten tun werden, ist evangelistische Traktate schreiben. Ich habe für jeden von euch ein Blatt mit dem gleichen Text mitgebracht. Den schreiben wir schön ab und werden die Kopien dann am nächsten Wochenende unter die Leute bringen. Es wäre ja um Welten besser, wir könnten die Traktate abtippen, aber das ist zu gefährlich. Jede Schreibmaschine in unserem Land ist registriert, so findet man uns bald. Und andere Mittel zum Drucken haben wir nicht. Deshalb benutzen wir, was Gott uns gab – unsere Hände.»

«Und wozu dann die Handschuhe?», fragte Nadja, eines der treuesten Teammitglieder.

«Damit keine Fingerabdrücke auf dem Papier zu finden sind», sagte Wanja. Er liebte Kriminalromane, besonders wenn diese noch Spionageszenen beschrieben.

«Wir sollten aber trotzdem unsere Handschuhe mit einem Tuch gründlich reinigen.»

«Du hast Recht, Wanja.» Kolja liebte diesen jungen Mann. Wie kein anderer in seiner Jüngerschaftsgruppe war er praktisch und zugleich initiativ begabt. «Doch bevor wir an die Arbeit gehen, sollten wir uns überlegen, wie wir schnell und effektiv unsere Traktate vernichten, falls uns die Schnüffler von der Geheimpolizei finden.»

«Ich schlage vor, wir werfen sie alle in den Ofen», schlug Alexej, der Hausherr, vor.

«Gut, und was machen wir mit den Handschuhen?»

«Die sollten wir auf jeden Fall nicht anbehalten», vermutete Nadja.

«Alexej, hast du einen Korb mit alten Klamotten?»

«Haben wir», antwortete dieser.

«Dann her mit dem Korb. Ihr werft eure Handschuhe hinein, und Nadja ist dafür zuständig, die Handschuhe mit den anderen Klamotten durcheinander zu mischen.»

Stepanow überließ wie immer keine Kleinigkeit dem Zufall. Erst als alle die ihnen zugedachte Rolle verstanden hatten, gingen sie an die Arbeit.

Es war ein DIN-A4-großes evangelistisches Traktat, das Onkel Kolja mitgebracht hatte. Wanja hätte wetten können, dass Stepanow es selbst geschrieben hatte. Zu offensichtlich war sein einfacher Stil. Seine Argumente stammten alle aus dem Alltag, die Bilder waren leicht zu verstehen und packten schnell die Aufmerksamkeit des Lesers. Es klang so, als würde man einer Predigt seines Mentors zuhören. Und dann gab es eine Reihe von Schreibfehlern. Stepanow war kein besonders gebildeter Mann. Doch das nahm ihm nichts von seiner geistlichen Autorität, die er bei den jungen Leuten genoss. Männer Gottes müssen nicht unbedingt die Grammatik beherrschen, sie sollten Gott ergeben sein und seinen Willen kennen. Und das tat Stepanow. So kamen Wanja angesichts der vielen Schreibfehler kaum abwertende Gedanken. Was Onkel Kolja schrieb, war für ihn immer gut.

Bereits nach dem dritten Mal brauchte Wanja seine Vorlage nicht mehr. Er schrieb frei, wunderte sich nur, dass die Texte irgendwie immer länger wurden. Ganz automatisch schien er die einfache Sprache seines Mentors zu verbessern.

«Onkel Kolja, ich habe gedacht, dass ich bereits den Text auswendig kann, und schrieb deshalb die letzten beiden Texte ohne Vorlage. Jetzt habe ich das Traktat doch an ein paar Stellen ergänzt.»

«Zeig mal her.» Stepanow wollte es sehen. Er las die veränderte Version und sagte dann zufrieden: «Das klingt ja noch besser. Dass ich das nicht gleich so ausgedrückt habe. Und meine vielen Schreibfehler sind auch alle weg. Gute Arbeit, mein Junge.»

«Hast du das Traktat geschrieben?», wollten gleich mehrere Jugendliche wissen.

«Habe ich. Aber Wanjas Variante ist bei weitem besser.» Er nahm das korrigierte Traktat und gab es einem der Jugendlichen. «Jetzt schreibst du *das hier* ab», sagte er. «Wanja hat bestimmt weniger Fehler drin als ich.»

So war er, der liebe Onkel Kolja. Ein wunderbarer Leiter, dem nichts so wichtig war wie die Förderung anderer Christen.

Erst spätabends gingen die Jugendlichen auseinander. Zurück ließen sie einen ansehnlichen Stapel abgeschriebener Traktate. Am Wochenende würden sie diese verteilen. Als auch Wanja sich von seinem Platz erhob, kam Stepanow auf ihn zu, umarmte ihn und sagte leise zu ihm: «Ich war etwas besorgt um dich heute morgen, Wanja. Aber im Laufe des Tages hat der Herr zu mir gesprochen. Das wird in der Oleviste-Gemeinde schon nicht alles vom Bösen sein. Ich versteh zwar nicht, wie so etwas von Gott sein kann, aber ich muss ja auch nicht alles verstehen. Erweckung ist ja wie ein Fluss. Dieser bahnt sich immer einen eigenen Weg, und sei es durch das Gebirge. Und Erweckung hat immer ihre eigene Sprache. Ich kann leider nur Russisch. Gott versteht aber alle Sprachen, und am besten beherrscht er die Sprache der Liebe zu den Menschen. Ja, Liebe ist seine Sprache der Erweckung. Also, wir wollen sehen, Wanja.»

«Weißt du, wer in der Oleviste ein Zeugnis gegeben

hat? Valeri – der nationale Boxmeister. Er ist Christ geworden.» Wanja erzählte kurz die Bekehrungsgeschichte des Boxers. «Und am Abend kamen auch seine Eltern zum Glauben. Ich war heute Nachmittag bei Bruder Petrow. Bischof Tamm hat ihn angerufen und ihm diese freudige Nachricht gegeben. Diese Leute kommen aus Moskau und sind weit oben in der Partei tätig. Das Ganze hat bereits viel Staub aufgewirbelt.»

«Wenn so etwas möglich ist, dann ist der Herr in der Oleviste-Gemeinde am Wirken.»

Wanja strahlte. Er hatte seinen Freund wieder.

«Onkel Kolja, du solltest eines wissen. Ich werde in meinem Leben alles am Wort Gottes prüfen. Einen anderen Grund für meinen Glauben will ich nicht.»

«Dann bin ich ja beruhigt», antwortete Stepanow. «Und jetzt denk mal darüber nach, wie wir die Traktate am Samstag an den Mann bringen.»

Am Samstagmorgen waren alle wieder in Alexejs Wohnung. Auf dem Tisch lag ein dicker Stapel Traktate. «Die scheinen sich ja auf wundersame Weise vervielfältigt zu haben», lachte Stepanow. «Und wie bringen wir sie unter die Leute?», fragte er das kleine Team.

«Wir stellen uns vor den großen Supermarkt im Stadtzentrum und drücken jedem Fußgänger eines in die Hand», schlug Nadja vor. «Ich habe gehört, die Christen in Finnland machen das so.»

«Na prima! Und wie lange, glaubst du, wirst du da stehen? Ich schätze keine drei Minuten. Dann ist der Schwarze Rabe da, und du bist unterwegs nach Sibirien», entgegnete Wanja etwas bissig.

«Na und? Ich wünsche mir eh nichts anderes, als eines Tages für Jesus zu sterben», antwortete Nadja prompt.

«Wer hat noch eine Idee? Nadjas Vorschlag ist nicht schlecht, aber doch extrem gefährlich.»

«Wie wäre es, wenn wir die Traktate in die Briefkästen werfen? Nachts, zum Beispiel. Da sieht uns keiner, und die Leute können in aller Ruhe die Botschaft lesen», schlug Alexej vor.

«Schon besser. Noch jemand?»

«Wir könnten sie einfach in der orthodoxen Kirche liegen lassen. Oder wir fahren nach Kurimaa[5] und legen sie auf die vielen Bänke des Klosters. Wer sollte da jemanden verdächtigen?»

«Eine klasse Idee. Aber erreichen werden wir so nur die orthodoxen Pilger.»

«Na, sollten die sich nicht auch bekehren?» Lina wollte ihren Vorschlag nicht gleich aufgeben.

«Wanja, hast du denn keinen Vorschlag?», fragte Nikolai den ganz in seine Gedanken versunkenen jungen Mann.

«Schon, aber die Idee ist etwas verrückt.»

«Her damit. Verrückt klingt immer gut», sagte Wowa. Er fand alles gut, was sein langjähriger Freund Wanja sagte.

«Wir könnten in die Bekleidungsgeschäfte der Stadt gehen und dabei so tun, als würden wir uns nicht kennen. Jeder von uns nimmt sich ein oder mehrere Kleidungsstücke mit Taschen. Wir gehen dann in die Anprobe und füllen die Taschen mit den Traktaten. Der nächste, der das Stück anprobiert, findet das Traktat und nimmt es mit. Wir müssen dabei nur darauf achten, dass wir das Traktat mit Handschuhen in die Taschen stecken. So könnte das Warenangebot im Univermag[6] zum Beispiel zu unserem Briefkasten werden.»

---

[5] Kurimaa im Norden des Landes war während der Sowjetzeit das einzige aktive orthodoxe Kloster in ganz Estland.

[6] Universalmagazin = Kaufhaus

«Das finde ich genial», sagte Nadja, die im Nu ihre Verletzung durch Wanjas schroffe Abfuhr vergaß. «Da kann ich einmal alles anprobieren, was mein Herz sich wünscht.»

«Die Idee finde ich auch sehr gut», bestätigte Stepanow, «aber alle in ein Kaufhaus, das geht nicht. Das wäre zu gefährlich. Wie wäre es, wenn wir einfach so viele Geschäfte wie möglich aufsuchen?»

Schon stand der Plan fest. Stepanow teilte die Mannschaft in Zweier-Gruppen auf, und die jungen Leute zogen in die Stadt. Zum ersten Mal gingen sie mit dem Evangelium mitten in die Öffentlichkeit.

Wanja war zusammen mit Lina für das Einkaufszentrum im Stadtteil Jõhvi eingeteilt. Das zehn Kilometer von Kohtla-Järve liegende Jõhvi war anders als das Stadtzentrum in Kohtla viel dörflicher gestaltet. In Jõhvi lebten prozentual gesehen viele Esten. Hier spürte man «einen anderen Geist», wie Stepanow zu sagen pflegte. Er selbst lebte in Jõhvi. «In Kohtla-Järve ist alles rot, sogar die Tannen», scherzte er mit einer Anspielung auf die vergifteten Wälder um das große, Ölschiefer verarbeitende Kombinat herum. Tatsächlich sahen Teile des Waldes jämmerlich aus. In der Bevölkerung kursierten Gerüchte, Finnland habe sich bei der UNO wegen der katastrophalen ökologischen Lage mit einer Beschwerde gegen Kohtla-Järve gemeldet. Auf jeden Fall wurde die Luft spürbar reiner, je weiter man sich vom Ort entfernte.

Wanja fuhr oft nach Jõhvi. Hier lebte seine Freundin Olga. Aber ihr teilte er nur wenig von all dem mit, was er in der Jüngerschaftsgruppe mit Onkel Kolja erlebte. Sie gehörte mit ihrer Familie zwar auch zur Gemeinde, aber im Unterschied zu anderen hielt sich ihre Familie eher auf Distanz zu ihren potenziell gefährlichen Aktionen. Und Olga war eine gehorsame Tochter. Wanja liebte sie über alles, aber manchmal kamen ihm Zweifel. Zu unterschiedlich waren die Lebens- und Glaubensinteressen. Lina, die Wanja von Stepanow jetzt als Partnerin zugeteilt wurde, war da ganz anders, und sie zeigte auch großes Interesse für ihn. Aber Lina gefiel ihm nicht. Sie war einfach nicht sein Typ. Dafür konnte man mit ihr gemeinsam Pferde stehlen.

«So, Wanja, wie machen wir es? Wer fängt an? Du oder ich? Sollten wir vielleicht als junges Pärchen getarnt in den Laden gehen?» Lina sprach leise. Kicherte dabei ununterbrochen. Ihr schien der gemeinsame Einsatz mit Wanja ein Geschenk vom Himmel.

«Das fehlte mir noch. Als Pärchen in den Laden. Und was, wenn Olga oder ihre Mutter oder sonst ein Bekannter drin sind? Ach, die Lina spinnt doch, warum hat Onkel Kolja mich bloß mit ihr zusammengestellt?», ärgerte sich Wanja innerlich.

Sie näherten sich Jõhvi.

«Wir gehen jeder für sich in den Laden. Erst ich, und ein paar Minuten später du. Und wir tun ganz normal, winken einander zu und sonst nichts.»

«Wie viele Sachen soll ich anprobieren?», fragte sie.

«Bitte nicht mehr als fünf. Und vergiss nicht, die Klamotten müssen Taschen haben, also in Frage kommen Mäntel, Hosen und ...»

«Komm schon, ich bin kein Kind mehr, Wanja. Ich werde doch noch wissen, was Taschen sind.»

Sie verließen den Bus, und Wanja trennte sich von Lina. Er ging direkt zum Einkaufszentrum. Es war ein neues, erst kürzlich erbautes Gebäude mit einem für sowjetische Verhältnisse recht bunten Warenangebot. Wanja betrat das Kaufhaus und begab sich betont locker zu der Herrenabteilung. Diese wurde von einer korpulenten, russisch sprechenden Frau mittleren Alters verwaltet. Sie musterte Wanja kritisch von unten bis oben, als würde sie bereits ahnen, was dieser junge Mann vorhatte.

«Ich würde mir gerne einen Anzug und einen Herbstmantel ansehen», sagte er lässig.

«So, einen Anzug und noch einen Mantel. Und wer soll das alles bezahlen?»

«Ist wahrscheinlich weniger Ihre Sorge», wimmelte Wanja sie ab. Das half.

«Da hinten in der Ecke sind die Mäntel und hier vorne die Anzüge. Mehr als ein Stück sollte man allerdings nicht in die Anprobe nehmen.»

In diesem Moment betrat Lina das Kaufhaus. Sie winkte Wanja zu und begab sich fast tänzelnd in die Frauenabteilung. Wanja nahm einen Anzug von der Stange. Es war nicht ganz seine Größe, aber darauf kam es ja schließlich auch nicht an. Er ging in die Anprobe und füllte zuerst die Anzugstaschen mit zwei Traktaten. Eines legte er in die Hosentasche, das andere in das Jackett. Dann erst zog er sich die Hose an. Sie war viel zu groß. Schon ein paar Minuten später folgte der zweite Anzug. Wanja wiederholte die Prozedur.

«Die sind mir alle viel zu groß. Vor allem die Hosen», beschwerte er sich bei der Frau, die ihn prüfend ansah, als er auch den zweiten Anzug zurückbrachte.

«Dann probier doch ein paar Größen kleiner», antwortete sie, bewegte sich aber nicht von der Stelle.

«Von Bedienung hat die auch noch nichts gehört», freute sich Wanja über die typische sowjetische Trägheit der Verkäuferin. Solange die nicht in der Nähe war, konnte er nämlich ungestört anprobieren.

Zwei weitere Anzüge folgten.

Dann probierte Wanja noch zwei Mäntel an.

«Wann kommt denn neue Ware?», fragte er die Verkäuferin, die immer noch an der gleichen Stelle stand.

«Komm doch nächste Woche vorbei, vielleicht haben wir dann etwas für dich.»

Wanja verließ das Kaufhaus. Nur ein paar Häuser weiter entdeckte er Lina.

«Du bist schon raus? Wie war es denn?», fragte er fröhlich. «Bei mir ging alles wie geschmiert.»

«Bei mir nicht. Die Verkäuferin kennt meine Mutter. Sie wollte mir unbedingt helfen. Ich habe nur einen einzigen Mantel ohne ihre Aufsicht anprobieren können. Den habe ich aber geladen.»

«Ach, das ist gut», entgegnete Wanja. «Jetzt muss nur noch Jesus ‹Effatah› sagen, und dann passiert das Unmögliche.»

«Was hast du da gesagt?» Lina verstand ihn nicht.

«Komm, Lina, wir fahren zurück nach Kohtla-Järve. Ich erkläre es dir unterwegs. Wir sollten uns beeilen.» Wanja schaute auf seine Uhr. Er hatte die Abfahrtzeiten dieser Buslinie immer fest im Kopf.

Sie gingen zurück zur Station. Der Busbahnhof lag nur wenige hundert Meter vom Kaufhaus entfernt. Doch leider waren sie zu spät. Der Bus Nummer drei nach Kohtla-Järve war gerade weggefahren.

«Also, Lina, Effatah ist ein biblisches Wort. Kennst du noch die Geschichte, wie Jesus den einen Taubstummen heilte?»

«Ja, ich erinnere mich.»

«Und was hat er ihm gesagt?»

«So etwas wie ‹Öffne dich›, wenn ich mich nicht täusche.»

«Mann, Lina, du bist gut! Genau das hat er ihm gesagt. Und in seiner Sprache heißt das Effatah. Schau, wenn Jesus jetzt den Menschen, die unsere Traktate lesen, die Augen öffnet, dann werden sie sehen. Unsere handgeschriebenen Traktate, so jämmerlich sie auch aussehen mögen, wird er nutzen. Mensch, Lina, das ist Evangelisation!» Wanja packte das Mädchen mit seinen beiden Händen, so als wollte er sie vor lauter Begeisterung umarmen.

«Und was soll das jetzt?», fragte sie lächelnd, als würde sie nur noch darauf warten, dass er sie tatsächlich in seine Arme schließt.

«Entschuldige bitte, das sind wohl meine Gefühle, die mit mir verrückt spielen», sagte er, lief rot an und drehte sich von Lina weg.

Er sah in Richtung Telefonzelle. Das war weit und breit die einzige Telefonzelle in Jõhvi. Ständig gingen Menschen rein und raus, um hier zu telefonieren. «Dass das Gerät hier immer noch funktioniert», wunderte sich Wanja. In der Regel schnitten junge Leute die Hörer ab. Sie benutzten die Empfänger am Hörer als Verstärker für ihre akustischen Gitarren. Auch Wanja träumte von einem solchen Empfänger. Als Christ würde er natürlich nie ein Telefongerät demolieren. Und doch – träumen war ja noch keine Sünde. Plötzlich kam ihm eine neue Idee.

«Hör mal, Lina, da vorne ist unser neuer Briefkasten», sagte er zu seiner evangelistischen Partnerin.

«Verstehe ich nicht. Was meinst du denn?» Sie war immer noch bei seiner Beinahe-Umarmung.

«Na, da, die Telefonzelle. Ich gehe jetzt hinein, tue so, als würde ich telefonieren, und lass dann unbemerkt ein Traktat liegen. Dann sehen wir, was passiert.»

Wanja holte seine Lederhandschuhe hervor, zog seinen Hut etwas tiefer auf die Nase und ging zur Zelle. Eine alte Dame verließ sie gerade. Wanja ging hinein, nahm den Hörer in die Hand, wählte ein paar Zahlen und fing an, laut nach Kostja zu schreien. Eine Szene, die sich in solchen alten sowjetischen Telefonzellen tagtäglich abspielte. Man hörte absolut schlecht, und deshalb schrien die Menschen einander regelrecht an. Unbemerkt legte er ein sorgsam gefaltetes Traktat auf die Ablage, auf der theoretisch ein Telefonbuch liegen müsste. In seinem ganzen Leben hatte Wanja aber noch nie ein solches gesehen. Ob es sie überhaupt gab? Die Vorrichtung dafür gab es jedenfalls, und sie diente jetzt als perfekte Traktatablage. «Das ist ein Liebesbrief für dich», stand auf der Außenseite des Traktatblattes. Bald danach verließ er die Zelle.

«Das ist ja ein Mist mit dem Telefon!», schimpfte er betont laut. Die Menschen, die in der unmittelbaren Umgebung der Telefonzelle standen, schmunzelten. Sie kannten das Problem.

Wanja kehrte zu Lina zurück, und die beiden nahmen die Kabine ins Visier. Nach einer Weile betrat ein gut aussehender, recht gebildet wirkender Mann die Telefonzelle. Er telefonierte, und es dauerte nicht lange, bis er das Traktat entdeckte. Neugierig, wie Menschen nun mal sind, öffnete er das Blatt und schien darin zu lesen. Sein Anruf dauerte nicht lange, er verließ die Zelle mit dem Traktat in der Hand.

«Effatah – Herr, öffne ihm die Augen», betete Wanja halblaut. Der Mann schien ebenfalls auf den Bus zu warten. Er blieb ganz in der Nähe der beiden stehen und vertiefte sich in das Schreiben.

«Das ist ja mal was ganz anderes. Da scheint ja der Himmel zu mir zu reden», hörten die jungen Leute ihn murmeln. Er war fertig mit lesen, faltete das Blatt sorgsam und steckte es in die Tasche. Nach einer Weile holte er es wieder heraus und las den Text noch einmal durch.

Es war einfach unglaublich. Dieses Traktat zeigte Wirkung. Wieder ließ er nach einer Weile das Papier in seiner Tasche verschwinden.

Mittlerweile war der Bus zum Einsteigen bereit. Der Mann nahm auf der letzten Bank Platz. Wanja und Lina setzten sich neben ihn. Beide beteten. Kaum war der Bus in Bewegung, holte der Mann wieder das Papier hervor. Lina tat so, als würde sie neugierig hinüberblinzeln. Das fiel dem Mann auf. Erschrocken drehte er sich zu ihr um.

«Was gehen Sie meine persönlichen Sachen an, Mädel? Einen feuchten Dreck gehen die Sie an. Diese Jugend!» Er sprang aufgeregt hoch und setzte sich auf einen der vordersten Sitze im Bus.

«Ich wollte ihn doch gar nicht wegscheuchen. Ich dachte nur, wenn er mich auf das Schreiben anspricht ...», versuchte sich Lina zu rechtfertigen.

«Ist halb so schlimm, Lina. Das Traktat arbeitet an ihm. Gott ist dabei, seine Augen zu öffnen. Darauf kommt es jetzt an.»

Noch lange nachdem der Mann den Bus verlassen hatte, beteten die beiden für einen geistlichen Aufbruch in seinem Leben. Und kaum hatten sie selbst den Bus verlassen, fragte Lina einen Passanten: «Wo ist hier in der Nähe eine Telefonzelle? Ich muss jemanden anrufen.» Doch diese Zelle war leider viel zu weit weg.

«Wir sollten zurück zum Team. Die warten bestimmt schon lange auf uns, Lina. Gott hat uns die Augen für eine neue Methode geöffnet. Die anderen werden sich bestimmt alle darüber freuen», sagte Wanja, nahm sie an der Hand und zog sie buchstäblich in die Richtung von Alexejs Wohnung.

Hier waren alle tatsächlich längst versammelt. Ihre Berichte überschlugen sich vor Freude. Manche hatten sogar gesehen, wie die Kunden die Traktate fanden und lesend den Laden verließen. Keiner wusste von irgendeiner Auffälligkeit zu berichten.

«Wir sollten nun abwechselnd in die Kaufhäuser gehen und einmal die Woche die Taschen neu füllen», resümierte Stepanow den gelungenen Einsatz.

Dann berichtete Wanja von seiner Erfahrung mit der Telefonzelle.

«Es war eine echte Effatah-Erfahrung», schoss Lina dazwischen. Stepanow wurde von diesem Wort regelrecht aufgeschreckt.

«Was meinst du damit, Lina?», fragte er und sah dabei etwas vorwurfsvoll in Wanjas Richtung.

«Ich habe das Wort von Wanja gelernt. Es wurde von Jesus gebraucht, als er den Taubstummen heilte. Und es heißt so viel wie ‹Öffne dich›. Wanja und ich haben für den Mann aus der Telefonzelle gebetet, dass Jesus zu ihm ‹Effatah› sagt. Und glaubt mir, das ist wirklich passiert. Er hat unser Traktat dreimal durchgelesen. Man konnte ihm die Aufregung ansehen.»

«Am liebsten hätte ich ihn direkt angesprochen, aber ich wusste nicht, ob es richtig gewesen wäre.»

«Du hast gut gehandelt, Wanja. Wenn der Herr ihm die Augen auftut, dann wird er ihm auch den Weg zu den Christen zeigen. Nicht wir bekehren Menschen. Der Heilige Geist ist es», sagte Stepanow.

«Du redest jetzt genauso wie die Christen in Tallinn in der Oleviste-Kirche. Übrigens, das von dir benutzte Wort Effatah benutzen sie auch. So nennt man ihre Abende. Ich war da vor einigen Wochen, habe es euch aber verschwiegen, weil ich dachte, dass es hier eher nicht gut ankommt.» Alexejs Worte durchdrangen den Raum wie von einem U-Boot abgeschossene Torpedos. Wenigstens kam es Wanja so vor.

«Du meinst doch wohl nicht die heiße Musik, die sie da in der Kirche spielen? Ich habe mich auch schon allen Ernstes gefragt, ob wir eine Band gründen sollten. Das ist bestimmt nicht viel anders als das, was wir heute gemacht haben. Niemand von uns würde je die Klamotten kaufen, ganz geschweige denn tragen, die wir da anprobiert haben. Mir wäre allein von der Vorstellung schlecht geworden. Aber diese sozialistische Mode für Evangelisation zu nutzen, das hat Spaß gemacht.»

Nadja war die beste Sängerin im Team. Und sie spielte hervorragend Klavier. Ihr Hang für moderne Musik war allgemein bekannt. Unvergessen blieb Wanja der Abend, an dem sie ein Jazzkonzert in der Aula der Schule gab. Ihre Zuhörer waren dermaßen von den Darbietungen begeistert, dass sie sie über eine Stunde lang mit andauerndem Applaus auf der Bühne hielten. Damals sagte sie schon zu Wanja: «Wenn ich so etwas einmal für Jesus tun dürfte ...»

Doch leider durfte sie es nicht. Die verantwortlichen Brüder in der Gemeinde gingen regelrecht auf die Barrikaden, als sie es ihnen vorschlug. So etwas sei doch reine Sünde, meinten sie. Nadja fügte sich, aber ihre Neigungen blieben ein Thema in der Gemeinde. Und Ermahnungen der älteren Geschwister, Nadja würde den Gemeindegesang viel zu flott begleiten, wollten einfach nicht verstummen. Einer der Brüder vermutete gar, Nadja sei von einem bösen Geist besessen.

«Schon gut, Nadja. Ich sehe, ihr habt bereits alle etwas von den Geschwistern in der Oleviste-Kirche gehört. Wanja war letzte Woche auch da. Würdest du uns erzählen, was du dort erlebt hast, Wanja? Bitte.»

Stepanow sah Wanja so an, dass es diesem schwerfiel, überhaupt anzufangen. In Onkel Koljas Blick lagen Fragen, viele Fragen, ja sogar eine gewisse Angst. Seine geliebte Jugend schien von einem unklaren Phänomen erfasst zu werden. Und er war offenbar unsicher, wie er damit umgehen sollte.

«Erzähl doch, Wanja», forderten gleich mehrere Stimmen ihn auf.

«Es ist eine lange Geschichte, Freunde. Ich weiß gar nicht, wo ich anfangen soll.»

«Was fandest du gut, was schlecht, wer hat gepredigt, wer machte die Musik?», gab Nadja ihm einige Tipps.

«Na gut. Ich erzähle es euch. Mich hat der Abend in Tallinn zunächst einmal völlig verwirrt. Ich hatte im Vorfeld verschiedene Meinungen über die Effataa-Abende gehört. Man kann sagen, ich war nicht ganz unvorbereitet. Und doch, als die Band zu spielen begann, da wäre ich am liebsten sofort weggelaufen.»

«Welche Band war es denn?», fragte Nadja nach.

«Sela von den Methodisten.»

«Man sagt, die ganze Band stammt eigentlich aus der Welt. Sie haben ein klasse Zeugnis», mischte sich Nadja in seinen Bericht ein.

«Genau das war es auch, was mich am Ende auf der Bank festhielt – ihre Zeugnisse. Und vor allem anderen das Zeugnis von Valeri Petruschenko, dem Boxer, der letztes Jahr Champion der Sowjetunion war.»

«Der ist Christ?», hakte Alexej nach. «Das finde ich sehr interessant.»

«Er ist Christ geworden. Und sein Zeugnis ist eine Wucht. Auf jeden Fall bekehrten sich an diesem Abend viele Menschen und sogar die Eltern von Valeri.»

«Das nenne ich Effatah», jubelte Lina, «und du, Wanja, hast das alles miterlebt. Ich wäre so gerne dabei gewesen.»

«Was haltet ihr davon, wenn wir nächsten Samstag zusammen nach Tallinn fahren?», schlug Igor vor. Dieser eher schüchterne Junge, der eher zu Gesetzlichkeit neigte und den man in der Jugend «Gospodin Gesetz» nannte, hatte bis jetzt geschwiegen.

«Ich habe noch nie eine Erweckung erlebt, noch nie eine Heilung gesehen. Von Wundern habe ich nur gehört. Und ehrlich, ich dachte, die gibt es gar nicht mehr.»

«Gott hat sich doch nicht geändert, Igor. Er ist gestern,

heute und bis in alle Ewigkeit derselbe», belehrte ihn Stepanow.

«Und unser Glaube baut auch nicht auf Wundern auf», fügte Wanja hinzu.

«Ich glaube jedenfalls, weil Jesus mir in seinem Wort Heil versprochen hat», konstatierte Lina.

«Richtig. Der Glaube kommt aus dem Wort Gottes. Aber ist das nicht ein Wunder, dass wir es verstanden und angenommen haben?», fragte Stepanow. «Wo Menschen glauben, da werden Wunder passieren. Du, Igor, hast sie auch schon mitbekommen. Denk nur einmal an den Mann aus der Telefonzelle.»

«Schon, und doch wäre es grandios, wenn ich mal dabei sein könnte, wenn es etwas Außerordentliches gibt.»

«Dafür musst du gar nicht nach Tallinn fahren, Igor. Am Freitag hatten wir unser wöchentliches Gebetstreffen bei der Elisabet. Jakow Wassiljewitsch war da. Ihr habt ja bestimmt von diesem Leningrader Pastor gehört. Er hat die Gabe der Heilung. Jedenfalls wurde bei diesem Treffen eine junge Frau aus Nowgorod geheilt. Sie heißt Valentina.» Wanja berichtete vom Freitagabend und den begleitenden Umständen.

«Und warum wissen wir nichts davon?», empörte sich Nadja.

«Die Gebetsabende bei Elisabet sind für jeden offen», parierte Wanja. «Ich wollte damit nur sagen, dass Gott nicht nur in Tallinn wirkt.»

Stepanow war sichtlich zufrieden mit der Art und Weise, wie Wanja das Gespräch von Oleviste weg auf Gottes Wirken generell lenkte. «Ich schlage vor, wir laden Valeri zu uns nach Kohtla-Järve ein. Und vielleicht setzen sich unsere Musiker mal zusammen. Warum sollte es nicht auch bei uns eine Jugendband geben?»

«Meinst du das ernst, Onkel Kolja?», wollte Nadja wissen. Sie konnte ihre Begeisterung kaum im Zaum halten.

«Ich meine es ernst, Nadja. Sicher wirst gerade du dich musikalisch hier und da beherrschen müssen, aber das hast du ja bereits gelernt.»

Alle lachten. Dann rief Stepanow sie auf, Gott für die Erfahrung des Tages zu danken.

«Lieber Herr Jesus, bitte sprich du dein klares Effatah zu all den Menschen, die unsere Traktate lesen. Bitte öffne ihre Augen und Herzen», betete Lina. Andere stimmten ihr in ihren Gebeten zu.

– 12. –
Das Wort muss Mensch werden

Wanja studierte am chemischen Technikum der Stadt; eine Fachoberschule, die mittleres Management für die Industrie ausbildete. An der Schule war bekannt, dass er an Gott glaubte und aktiv am kirchlichen Leben teilnahm. Aber als Bester seines Jahrgangs schien er eine sichere Position zu haben. Die Dozenten brachten es wohl nicht übers Herz, diesem klugen und netten jungen Mann schlechte Noten zu geben. Dass man sie immer wieder dazu zu zwingen versuchte, das erzählte einer von ihnen, der Dozent für angewandte Mathematik, Dumnow, Wanja eines Tages. Wanja war sein Vorzeigeschüler.

«Ich kann dich doch nicht einfach vor der Klasse bloßstellen. Und das würde mir wahrscheinlich auch gar nicht gelingen. Da bist du zu schlau und zu pfiffig.»

Wanja war tatsächlich gut. Jetzt, wo er am Ende seines

vierten und letzten Ausbildungsterms stand, da wurde der Schulleitung auf einmal das ganze Dilemma deutlich. In der sowjetischen Schule zeichnete man die besten Schüler mit einem sogenannten roten Diplom aus. Dieses Diplom ermöglichte dem Absolventen nicht nur den sofortigen Einstieg ins Arbeitsleben an dem aufreibenden Praktikum vorbei, es befreite ihn auch vom Militärdienst und eröffnete ihm die Möglichkeit, im dritten Jahr der Universität weiterzumachen. Wanja war sich sicher, dass ihm das alles zustand. Er sah sich deshalb bereits nach einer Uni um und rechnete nicht damit, zum Militärdienst einberufen zu werden. Andere waren dagegen eher skeptisch.

«Sie werden dir nie das rote Diplom geben», versuchte Stepanow ihm seine übertriebenen Hoffnungen zu nehmen. «Du solltest dich eher auf einen Leidensweg einstellen.»

Aber Wanja blieb zuversichtlich. Auch dann noch, als die Traktat-Aktion in einem der größten Kaufhäuser der Stadt aufflog und man auf einmal auch seinen Namen damit in Verbindung brachte. Die Polizei kontrollierte auf einen Schlag alle Bekleidungsgeschäfte der Stadt und fand Dutzende handgeschriebener Traktate in den Taschen. Doch Stepanows Team blieb unbehelligt. Wanja wurde zum Schulrektor bestellt. Dieser fragte ihn frei heraus, ob er etwas mit dem Verteilen von Handzetteln zu tun habe.

«Ich bin doch kein Revolutionär, dass ich Propagandazettel unter die Menschen bringe!», antwortete Wanja. «Das haben doch die großen Helden der Revolution getan. Machen heute Baptisten so etwas? Fragen Sie doch einmal in unsrer Kirche nach. Fangen Sie beim Pastor an. Der würde bestimmt niemals so etwas tun, geschweige denn einen von uns zu so etwas missbrauchen.»

Das klang glaubwürdig. Wer sollte schon in der Gemeinde von der Sache wissen? Die Aktion war auf eine kleine Gruppe von Menschen begrenzt, und diese behielten es für sich. Daraufhin ließ man ihn in Ruhe.

Die Graduierungsfeier nahte. Eines Tages kam die Chefsekretärin der Schule auf Wanja zu und bat ihn, die Abschlusszeugnisse von Hand auszufüllen. Er hatte eine sehr gute Handschrift. Vor seiner Bekehrung hatte er aktiv im Propaganda-Kreis der Schule mitgearbeitet. Da gab es viel zu schreiben. Sie wusste also von seinen Fähigkeiten.

«Du nimmst hier die Liste mit den Abschlussnoten und den Themen der wissenschaftlichen Arbeiten und füllst die entsprechenden Zeilen aus. So wie ich das hier gemacht habe. Die wenigen Absolventen mit ausgezeichneter Bewertung erhalten ein rotes Diplom. Du findest diese Namen am Anfang der Liste. Ich wäre dir sehr dankbar, wenn du die Arbeit für mich übernimmst. Mein Mann hat am Wochenende seinen vierzigsten Geburtstag, und du weißt ja, wie viel Arbeit so eine Feier macht.»

Wanja nahm die Zeugnisse, die Listen mit den Noten und ging an die Arbeit. Tatsächlich – ganz oben auf der Liste stand sein Name. Er hatte den besten Durchschnitt von allen Absolventen seines Jahrganges. «Danke, Herr, das ist bestimmt nicht mein Verdienst», betete er, nahm ein rotes Diplom und füllte es für sich selbst aus. Dann folgten fünf weitere, und erst dann kamen die vielen blauen Zeugnisse. Als er fertig war, stapelte er die Diplome schön in die dafür vorgesehene Dose. Ganz oben lagen die sechs roten. Sein eigenes Diplom legte Wanja bescheiden unter die fünf anderen.

Drei Tage später folgte die Graduierung. Es war ein besonderes Ereignis für die Schule. Vertreter der Gesellschaft waren anwesend. Nach einer Reihe typischer Reden kam es endlich zur offiziellen Verleihung der Diplome. Der Rektor griff zur Dose und zog das erste rote Diplom. Er las den Namen vor … Der Graduierte kam nach vorn, nahm das Diplom aus der Hand des Rektors, schüttelte eine Reihe weiterer Hände, erhielt für seine ausgezeichneten Leistungen noch ein besonderes Geschenk und dazu einen übergroßen Blumenstrauß. Einer nach dem anderen wurde aufgerufen. Der Rektor sah gar nicht mehr in die Dose, griff den nächsten Namen: «Wanja Richter». Es war ein rotes Diplom.

Unruhe breitete sich auf dem Podium aus. Und ehe sich der Rektor versah, hatte er es auch schon gesagt: «Das ist der beste Absolvent unserer Schule in diesem Jahr.»

Wanja lief bereits nach vorne. Er sah die Unruhe. Man hatte keinen Blumenstrauß mehr, auch die Ehrengeschenke waren zu Ende. So war das alles offensichtlich nicht geplant. Aber Wanja lächelte. Gott hatte wieder einmal das sich so triumphal und mächtig gebende System ausgetrickst. Er nahm das Diplom an, schüttelte dem Rektor die Hand, der offensichtlich immer noch nicht merkte, was passiert war. Dann ging er an der aufgereihten Kolonne der Honoratioren entlang. Sie reichten ihm ihre Hände. Manch einer wagte kaum, ihm in die Augen zu sehen. Hier schien für sie eine Tragödie ihren Lauf zu nehmen. Am Ende der Ehrenrunde sollte es jetzt ein Geschenk und einen Blumenstrauß geben. Doch diese waren ausgegangen. Die zuständige Sekretärin drehte sich verzweifelt im Kreis. Was sollte sie auch tun? Die Panne war offensichtlich.

Wanja reichte auch ihr die Hand, blieb dann noch einen Augenblick stehen, als würde er das Geschenk und die Blumen erwarten. Dann drehte er sich zum Publikum und verließ die Bühne.

Jemand rief: «Wo bleiben die Blumen für den Besten?»

Eine andere Stimme forderte: «Warum bekommt Wanja kein Geschenk?»

Und dann sagte jemand ganz laut: «Warum sollte ein Gläubiger auch Blumen bekommen?»

Der Rektor ergriff schnell das Wort. Er entschuldigte sich bei Wanja. «Es ist uns hier offensichtlich eine Panne unterlaufen. Aber wir werden die Sache später gutmachen. Entschuldige bitte, Wanja – darf ich jetzt weitermachen?»

Das Publikum hörte kaum zu. Ihre Blicke waren auf Wanja gerichtet. Er ging breit lächelnd zu seinem Platz im hinteren Bereich des Festsaales. Dann fing auf einmal jemand an zu klatschen. Andere schlossen sich an, und auf einmal brach der ganze Saal in Applaus aus. «Was war das?», fragte ihn sein rechter Nachbar, als Wanja sich hinsetzte.

«Gläubige dürfen in unserem Land nicht als klug erscheinen. Wer an Gott glaubt, der hat rückständig zu sein. Ich glaube aber an Gott. Und ich habe gute Leistungen erbracht. Offensichtlich sollte ich heute kein rotes Diplom bekommen. Aber wie man sieht, machen auch unsere Kommissare Fehler», antwortete Wanja.

Er war glücklich. Was für eine Ironie! Er selbst hatte sein rotes Diplom ausgefüllt. Und die allmächtige Maschinerie des KGB-Apparates hatte es nicht bemerkt.

Als die Graduierungsfeier zu Ende war, lud der Rektor die Besitzer der blauen Diplome ein, am nächsten Tag in den großen Hörsaal der Schule zu kommen. «Man wird euch eure Praktikumsstellen bekannt geben», sagte er. «Die mit roten Diplomen ausgezeichneten Absolventen sind von den Praktika befreit.» Dann schloss er die Feier.

Wanja hielt sein Diplom stolz in der Hand. Fast alle fünf mit ihm Ausgezeichneten kamen auf ihn zu und gaben ihm einen Teil ihrer Blumen ab. Sein Strauß wuchs so an und sah größer aus als alle anderen. Einer seiner Kommilitonen bot ihm sogar sein Geschenk an. Es war herrlich. Nein, die Menschen um ihn waren nicht glaubensfeindlich. Das System war es, das ihnen die Freiheit des Umgangs mit Andersdenkenden nahm. Und dass ein gläubiger Student der beste Absolvent überhaupt war, das war ein Zeugnis für sich.

Immer wieder kamen auch Eltern von seinen Kameraden zu Wanja. Sie versuchten ihn zu trösten. Aber Wanja lächelte sie nur liebevoll an und bedankte sich für die Worte.

Auch sein Mathe-Dozent kam zu ihm. Er schüttelte den Kopf. Er schien erbost. Aber Wanja drückte fest seine Hand und sagte: «Sie haben mir sehr viel beigebracht. Ich werde Ihnen für immer dankbar sein. Das mit der Ehrung ist ja eine besondere Pointe, nicht? Im atheistischen Staat ehrt man Menschen, die an Gott glauben, nicht. Erst recht nicht, wenn sie sich früher zum Atheismus bekannten. Verräter sind keine atheistische Blume wert.»

Der Dozent schwieg. Dann fasste er noch einmal Wanjas Hand und sagte leise: «Ich bewundere deinen Mut, und viele hier tun es auch.» Dann ging er.

Auch Wanja bewegte sich in Richtung Ausgang. Da stieß er plötzlich Kopf an Kopf mit Kossygin zusammen. Dieser packte ihn fest am Oberarm und zischte in sein Ohr: «Ich würde an deiner Stelle meinen Mund nicht so weit aufreißen. Ein Unistudium gibt es für dich nicht, du oberschlauer Spinner. Dafür werde ich schon sorgen.»

Wanja spürte keine Angst. Er sah Kossygin ins Gesicht und sagte dann frech: «Übrigens, ich bin am nächsten Tag doch nach Tallinn gefahren. Ich wusste nichts von den Effataa-Abenden in der Oleviste-Kirche. Nach Tallinn wollte ich nur, weil ich mich nach dem Studium an der Polytechnischen Universität erkundigen wollte. Danke also, dass Sie mich durch Ihre Aktion auf die

Erweckung in der Oleviste-Kirche aufmerksam gemacht haben. Es hat sich wirklich gelohnt, dahin zu fahren. Raten Sie mal, wen ich da gehört habe? Unseren Sowjet-Champion im Boxen, Valeri Petruschenko. Und alles nur, weil Sie mich auf die Sache hingewiesen haben. Danke noch einmal.»

Kossygin war wohl etwas schockiert.

«Wir wussten hier in Kohtla-Järve nichts von den tollen Erfahrungen, die unsere estnischen Brüder in Tallinn machen. Aber wofür haben wir denn schließlich unsere Informanten?», fügte Wanja schelmisch an.

«Du hältst deinen Mund, Wanja! Es kann für dich eines Tages ganz schlimm werden», zischte der große Mann zurück.

«Übrigens, Effatah ist ein aramäisches Wort, und es heißt so viel wie ‹Öffne dich›. Jesus hat es einmal zu einem Taubstummen gesagt. Ich werde beten, dass er auch zu Ihnen Effatah sagt. Und dass Sie ihn sehen und hören können.»

«Du bist verrückt, du Idiot!», ärgerte sich der KGB-Agent, ließ Wanja los und verschwand in einem der Nebenräume.

– 13. –
Als Bibelkurier unterwegs

Kossygin hielt sein Versprechen. Nur wenige Wochen nach der Absolvierung erreichte Wanja Richter der Einberufungsbescheid zum Militärdienst. Er legte zwar Beschwerde ein, aber in der zuständigen Behörde lachte man ihn nur aus. Bis zum Antritt blieben noch ein paar Monate, und Wanja beschloss, seine Verwandten im fernen Mittelasien zu besuchen. Kurz vor seinem Abflug sprach ihn ein guter Bekannter aus der Untergrundkirche an.

«Wir brauchen jemanden, der eine Sendung mit Neuen Testamenten nach Alma-Ata und Taschkent bringt. Wärst du dazu bereit?»

Wanja wusste von der Existenz einer christlichen Druckerei, die im Untergrund arbeitete. Man vermutete, sie sei in Lettland. Auf jeden Fall wurden die Christen in Estland von Lettland aus mit christlicher Literatur versorgt. Heinrich, so hieß der junge Mann, der Wanja ansprach, war dafür bekannt, Zugang zu guten christlichen Büchern und auch zu Bibeln zu haben.

«Du arbeitest für die Untergrunddruckerei?», fragte Wanja ihn neugierig.

«Es ist besser, wenn jeder von uns nur das weiß, was seine eigene Verantwortung angeht», antwortete dieser ausweichend. «Wie ist es nun, nimmst du ein paar Neue Testamente mit?»

Transport christlicher Literatur war laut sowjetischer Rechtsprechung ein Delikt, und wurde man dabei erwischt, so konnte das leicht mit bis zu drei Jahren Arbeitslager geahndet werden. Beispiele dafür gab es viele.

Wanja zögerte einen Augenblick und sagte dann: «Ich habe so etwas noch nie gemacht. Wenn du mich aufklärst, Heinrich, bin ich dabei.»

«Na klar doch, anders geht es ja auch kaum», antwortete dieser.

Sie vereinbarten ein Treffen für den nächsten Donnerstag.

«Ich bringe dann gleich die Neuen Testamente mit», versprach Heinrich.

Am Donnerstag erwartete Wanja seinen Freund im Stadtpark von Kohtla-Järve. Ihnen fiel keine bessere Übergabestelle ein. Über Aktionen wie diese durften nicht viele Bescheid wissen. Weder Freunde noch Verwandte wurden informiert.

«Wer nichts weiß, kann auch nichts verraten», sagte Heinrich zur Erklärung.

«Von mir erfährt niemand etwas», versprach Wanja.

«Du kannst in der Regel nicht ins Flugzeug, ohne dass dein Gepäck durchleuchtet wird. Somit kommt nur eine Bahnfahrt in Frage.»

«Aber ich habe bereits mein Flugticket reserviert», protestierte Wanja.

«Dann stornier es eben. Und für die Bahn habe ich bereits einen Fahrschein für dich gebucht.»

Wanja war zwar etwas überrascht, aber wenn es nur so möglich war, dann sollte es halt so und nicht anders sein. Aufmerksam hörte er Heinrich zu. Dieser berichtete ihm von ähnlichen Reisen, Spontan-Kontrollen der Polizei auf den Bahnhöfen und Spitzeln, die in den Zügen mitfuhren.

«Auf dem Weg nach Mittelasien musst du zwingend über Moskau fahren. Und der Kasaner Bahnhof ist gespickt mit Polizei. Hier bleiben die Meisten hängen. Man ist oft gezwungen, tagelang auf den Zug zu warten. Und so sitzt man Tage und Nächte in der Wartehalle. Und wer da nicht alles herumlungert: Schmuggler, Diebe, Kriminelle aller Art. Moskau ist für sie ein Eldorado. Hier gibt es genug zu holen, genug zu stehlen, genug zu erfahren. Und was man zusammengegaunert hat, will man ja auch nach Hause bringen. Auf dem Bahnhof aber wartet die Polizei. Daher die ständigen Kontrollen. Erscheint das Gepäck eines Reisenden verdächtig, dann kann er jederzeit aufgefordert werden, alles zu öffnen. In einem so großen Bahnhof wie dem Kasaner hat die Polizei sogar extra Räume, wo sie dir ungestört das letzte Kleidungsstück vom Leib ziehen. Nach Bibeln suchen sie in der Regel nicht. Wenn man erwischt wird, dann eher zufälligerweise.»

«Also, was mache ich, um eine solche Kontrolle zu vermeiden?», fragte Wanja ungeduldig.

Die etwas langatmige, ausufernde Redensart seines Freundes ging ihm zunehmend auf die Nerven.

«Am besten gibst du dein Gepäck in die Gepäckaufbewahrung und gehst in die Stadt. Versuch, so wenig wie möglich auf dem Bahnhof rumzuhängen. Nachts wird es sicher kaum anders gehen. Wenn du dann angehalten wirst, zeige den Beamten deine Marke von der Gepäckaufbewahrung und sage ihnen, dass du dir die Stadt angesehen hast oder noch ansehen möchtest und daher ohne Gepäck da sitzt. Am allerbesten wäre es, wenn du ein Gepäckstück mit deinen persönlichen Sachen bei dir behältst», erklärte Heinrich etwas umständlich. «So bist du am wenigsten auffällig.»

Heinrich kam erst langsam in Fahrt. Er genoss es sichtlich, Wanja über all die schrecklichen Zufälligkeiten zu berichten, als wollte er damit seine eigenen Erfahrungen von sich geben. Es folgten all die denkbaren Eventualitäten im Zug. Dann beim Umsteigen aus einem Zug in den anderen. Dann bei der Begegnung mit den eigenen Verwandten und so weiter und so fort. Heinrich erzählte und erzählte.

Wanja dagegen hörte schon lange nicht mehr zu. Seine Gedanken schweiften in die Ferne.

«Hörst du überhaupt zu?», riss Heinrich ihn aus seinem Sinnieren heraus.

«Sicher. Ich freue mich schon auf die Reise. Gott wird mich bestimmt durchtragen. Was ich brauche, ist nicht mehr und nicht weniger als offene Augen, offene Ohren und natürlich ein gehorsames Herz.» Wanja wollte noch hinzufügen, dass ja so etwas mit Effatah zu tun habe, ließ es dann aber sein. Heinrich gehörte zu einer Gemeinde der Untergrund-Baptisten, und da hielt man von dem Oleviste-Aufbruch nichts. «Eine Bewegung von unten», urteilte einer ihrer Leiter anlässlich seines Besuches in Kohtla-Järve. Alles andere als ausgerechnet eine Diskussion darüber war jetzt das dringendste Gebot der Stunde. Also brach Wanja seinen Satz ab.

«Wo du Recht hast, hast du Recht, Bruder. Und der Herr wird dir offene Augen und Ohren geben. Ich werde jedenfalls dafür beten», sagte Heinrich zum Abschied.

– 14. –
In der Buchbinderei bei Onkel Fjodor

Die Fahrt nach Mittelasien begann eine Woche später. Wanja reiste zum ersten Mal allein. Er war sichtlich aufgeregt. Was erwartete ihn auf dieser langen und beschwerlichen Reise? Erfahrungen hatte er keine. Und dann noch mit einem Inhalt in der Tasche, der ihn möglicherweise die Freiheit kosten würde. Nicht, dass er ernsthafte Angst hatte. Und trotzdem fühlte er die innere Anspannung.

«Es wird schon alles gut klappen», versuchte ihn sein Vater am Kohtla-Järver Bahnhof zu trösten. «Als ich in deinem Alter war ...» Weiter hörte Wanja nicht mehr zu. Er kannte die Erzählungen seines Vaters. Dieser hatte Vertreibung, Zwangsumsiedlung, Hungersnot und vieles andere überlebt. Und sicher war das alles mehr als bemerkenswert. Nur dass der Vater damit immer wieder

Wanjas Herausforderungen und Probleme verharmloste, gefiel ihm nicht. So geriet sein wohlgemeinter Trost zur Farce, und statt Zuversicht spürte Wanja danach nur Ohnmacht. Aber seinem Vater zu widersprechen, das wagte er nur selten, deshalb sagte er lediglich: «Ich weiß, Vater. Ich weiß. Es wird alles gut.»

Und es wurde gut. Wanja erreichte Alma-Ata, die Hauptstadt Kasachstans, genau drei Tage und Nächte später. Gott hatte ihn vor all den Horrorgeschichten, die ihm Heinrich erzählt hatte, bewahrt. Er wurde kein einziges Mal kontrolliert, hatte nur freundliche Mitreisende, mit denen er sogar über den Glauben reden konnte, und – was im grauen Alltag der sowjetischen Eisenbahn einem Wunder glich – er hatte keine Zugverspätungen. Es war eine rundum gelungene Fahrt, und Wanja freute sich schon auf die erste Begegnung mit den Christen in Kasachstan.

In Alma-Ata hatte er keine Verwandten. Heinrich hatte ihm eine Adresse gegeben. Der Mann, den er aufsuchen sollte, hieß Onkel Fjodor und sollte aussehen, so Heinrich, wie der Khan von Samarkand höchstpersönlich. «Du wirst ihn an seinem langen grauen Bart erkennen», erklärte Heinrich. «Und wenn ein solcher Mann nicht im Hause sein sollte, grüßt du nur freundlich von Tante Emma und sagst, du bist in den Ferien und willst dir Alma-Ata ansehen. Tante Emma habe gemeint, du könnest bei Onkel Fjodor übernachten. Kommt aber ein langbärtiger alter Mann raus, dann sag ihm: ‹Dein Bart ist aber noch länger geworden.› Das ist deine Parole. Er wird dir antworten: ‹In meinem Alter stehen Männern Bärte ausgesprochen gut.›»

Wanja wiederholte noch einmal die beiden Textvarianten in seinem Kopf, während er sich dem kleinen Haus in der Petrosawodskajer Straße näherte. Es war eine unasphaltierte Straße, die etwas abgelegen etwa zehn Minuten von der Haltestelle im Stadtbezirk Altes Alma-Ata entfernt lag. Ein Haus glich dem anderen in diesem Stadtteil: einstöckig, mit einem spitzen Satteldach versehen und weißblau gestrichen. Allerdings sah man von den meisten Häusern nur den oberen Teil. Jedes Haus war mit einem hohen Bretterzaun oder hier und da auch mit einer Lehmmauer umgeben. Es war praktisch unmöglich, von außen in den Hof zu schauen. «Gar nicht übel», dachte Wanja. Auf diese Weise kann man sich leicht vor den neugierigen Blicken ungebetener Gäste schützen.»

Das Haus mit der Hausnummer 21 war leicht zu finden. Eine große Zahl schmückte das hohe Tor. Allerdings sah man das Haus selbst noch weniger als die anderen. Es schien ganz im Grün der hohen Bäume aufzugehen.

Wanja klopfte am hohen Tor. Im Hof fing sofort ein Hund an zu bellen. Nach einer Weile hörte er Schritte. Eine alte Frauenstimme fragte, wer da sei.

«Mein Name ist Wanja, und ich möchte Onkel Fjodor sprechen», antwortete Wanja.

«Fjodor, für dich!», rief die Frau und tappte langsam zurück in den Hof.

Eine Zeitlang hörte Wanja nur den Hund. Dann öffnete sich die kleine Tür im Tor, und vor Wanja erschien ein alter, ergrauter Mann mit einem langen Bart. Er hatte ein abgetragenes buntes Hemd an, das an mehreren Stellen bereits geflickt war. Der abgewetzte Kragen machte es optisch nahezu genauso alt wie das graue Haar des Mannes. Um die Lenden trug er einen Lederschurz. Und auch dieser zeigte Spuren längst vergangener Zeiten.

«Den Mann hast du schon mal gesehen», kam Wanja der Gedanke. «Aber wo?» Er war so fasziniert von der Erscheinung seines Gegenübers, dass er ganz vergaß, sich vorzustellen. «Genau! Jetzt weiß ich es wieder.» So sah doch Gutenberg aus, der Erfinder des Buchdrucks! Er hatte ihn einmal auf einem Bild in der Eremitage in Leningrad gesehen.

«Sie wünschen, junger Mann?», unterbrach der Hausherr seine Gedanken.

Wanja sagte seine Parole auf, und sein Gastgeber antwortete wie abgesprochen.

«Komm herein, Bruder. Schnell. Wir wollen so wenig Aufmerksamkeit bei den Nachbarn wecken wie irgend möglich.»

Wanja trat ein. Es war ein gemütlicher, kleiner, überdachter Hof, wobei das Dach nur aus Weinreben, die über einem entsprechenden Gerüst hingen, zu bestehen schien. Eine offene Veranda schloss sich an den Hof an.

«Komm mit», sagte der Mann.

Sie gingen über den Hof hinter das Haus zum Stall. Wanja nahm deutlich den Geruch eines Schweinestalls wahr. Im Stall befanden sich tatsächlich zwei dicke Säue, umringt von einer Anzahl kleiner Ferkel. Wanja blieb mitten im Stall stehen.

«Was soll ich hier?», wunderte er sich. Währenddessen schob Onkel Fjodor einen großen Kübel zur Seite und offenbarte einen Eingang in einen unter dem Stall liegenden Raum.

«Willkommen in Gutenbergs Werkstatt», scherzte der Hausherr.

Wanja ging zaghaft hinter ihm die Treppe hinunter. Er hörte noch, wie jemand oben den Kübel an seine alte Stelle schob. Im Gewölbe brannte elektrisches Licht. Wanja sah sich um. Es war ein geräumiger Keller. An den Wänden standen zwei Tische, auf denen alte und neue Bücher lagen, die gerade, so vermutete der junge Mann, gebunden wurden. Er war noch nie in einer Buchbinderei gewesen und konnte sich nur schlecht vorstellen, wie so etwas ging. Aber die Stapel ungebundener

Manuskripte ließen ihn erahnen, was der alte Mann hier für gewöhnlich tat.

«Ich bin Buchbinder. Hier binde ich viele Bücher unseres Verlags. Du hast mir Arbeit gebracht, nicht wahr?»

«Ja, Onkel Fjodor. Ich komme aus Estland und …»

«Du bist sicher zum ersten Mal unterwegs. Sage niemandem, woher du kommst. Je weniger wir voneinander wissen, desto leichter überstehen wir die Folter, wenn es denn einmal ernst werden sollte. Aber jetzt zeig mir mal deine Schätze.»

Wanja öffnete den Koffer mit den Neuen Testamenten. Er hatte ihn so von Heinrich bekommen und hatte keine Ahnung, was genau drin war. Oben lagen ein paar dünne Hemden und gleich darunter Lederstreifen.

«Wunderbar, da hat man uns gleich Umschläge mitgeliefert.» Erst dann kamen fein gestapelte kleine Päckchen zum Vorschein. Lose Blätter eines Taschen-Testaments. Fjodor legte sie auf einen der großen Tische.

«Du bist ein gesegneter Mann, Wanja. Fünfzig Neue Testamente. So viele habe ich schon lange nicht mehr auf einmal erhalten», sagte er und räumte dann die Päckchen in eine Art Schrank, der in die Lehmwand des Kellers eingebaut war. Sobald er den Schrank schloss, war es fast unmöglich, die genaue Stelle auszumachen, wo sich die Schranktür in der Wand befand.

«Sie haben das hier ja raffiniert eingerichtet.»

«Alles Sicherheitsmaßnahmen. Wenn meine Werkstatt auffliegen sollte, dann sollen sie mich ruhig verhaften, aber die fünfzig Neuen Testamente dürfen sie auf keinen Fall finden.»

«Oben klopft es», unterbrach Wanja den alten Mann.

«Das ist das Signal, dass wir schweigen sollen. An der Haustür ist jemand. Meine Frau lässt mich gleich raus. Du bleibst bitte hier.»

Tatsächlich, das Loch über dem Raum öffnete sich.

Fjodor stieg die Leiter hoch und löschte das Licht. Jetzt war Wanja allein im Raum und in völliger Dunkelheit. Eine Unruhe erfasste sein Herz. Was würde jetzt passieren? War er in Gefahr? Würde man ihn gleich verhaften? Hier – am Ende seiner Schmuggelreise? Die Unruhe wuchs an zur Angst. Sein Körper zitterte. Er hörte Stimmen. Sie schienen sich zu nähern. Dann hörte er, wie direkt über seinem Kopf jemand sagte: «Sie dürfen höchstens *ein* Schwein halten, Genosse, und was sehe ich hier? Es ist eine ganze Schweinezucht! Das ist gegen das Gesetz, und Sie wissen es. In der Stadt darf man keine Schweinezucht betreiben, und erst recht keine private.»

«Aber Genosse Natschal'nik, wir sind Rentner. Unsere Rente reicht doch weder vorne noch hinten. Da tut man halt, was man kann», hörte Wanja den alten Mann antworten.

«Ich bin ja auch kein Ungeheuer. Ich verstehe schon. Aber was nicht geht, das geht nicht. Wir werden gleich ein Protokoll aufsetzen, und dann werden Ihre Schweine konfisziert. Die verbreiten einen solchen Gestank, dass man mitten in der Hauptstadt eine Schweinezucht vermutet.»

Der Beamte ging hin und her im Stall, während er seine Belehrungen aussprach.

«Vielleicht einigen wir uns doch gütlich, Genosse Natschal'nik. Wie wäre es, wenn Sie zum Beispiel zwei dieser Ferkel mitnehmen. Ich meine *ohne* Protokoll.»

«Na, wenn, dann bloß zur Inspektion», antwortete der Fremde nach einer Weile.

«Sicher. Sie werden bestimmt feststellen, dass diese Sorte Ferkel gar nicht so stark stinkt. Geradezu umgekehrt. Im Winter leben sie mit uns in der guten Stube. Wir haben wirklich gut erzogene Schweine.»

«Na gut. Mein Mitarbeiter holt die beiden Ferkel heute

Abend ab. Trotzdem müssen Sie noch eine Strafe von exakt zehn Rubel bezahlen.»

Die Stimmen entfernten sich wieder vom Stall. Es wurde totenstill im Raum. Wanja kam es sogar so vor, als ob die Schweine, die er ab und zu oben im Stall gehört hatte, jetzt in Erwartung erstarrt waren. Auch der Hund schwieg. Es dauerte eine Ewigkeit, bis Wanja wieder Schritte hörte. Es war schwer auszumalen, ob es einer oder mehrere Menschen waren, die sich dem Stall näherten. Dann bewegte sich der Kübel, und Onkel Fjodor rief freundlich: «Herausspaziert, mein Lieber.»

«Wer war das, Onkel Fjodor?»

«Na, wer denn wohl? Die vermuten schon lange, dass hier bei mir etwas ist, aber Beweise gibt es keine. Hier im Schweinestall waren sie noch nie. Also schickten sie jemanden vom Veterinäramt. Um die Schweine ging es ihm offensichtlich gar nicht. Er wollte nur in den Stall. Tja, jetzt sind wir zwei unserer Ferkel los, dafür haben wir hoffentlich etwas mehr Sicherheit.»

«Haben Sie denn keine Angst, dass die hier eine Wanze platziert haben oder so?»

«Nein, das bestimmt nicht. Ich habe da so ein Gerät, eine Art Wanzendetektor. Das Ding hat bei mir im Haus noch nie etwas angezeigt», antwortete Fjodor. «Aber jetzt komm in die gute Stube. Wo willst du von hier aus hin? Was ist die nächste Station?»

«Nach Frunse in Kirgisien», gab Wanja sein nächstes Reiseziel an. «Aber eigentlich durfte ich es Ihnen gar nicht sagen, oder?» Wanja schmunzelte. «Da haben Sie mich einmal mehr erwischt.»

«Nein, dieses Mal sollte ich es schon wissen. Es wäre nämlich gut, wenn du morgen einige gebundene Neue Testamente mitnimmst. Ich muss welche nach Frunse, aber auch nach Taschkent mitgeben.»

«Nach Taschkent fahre ich anschließend.»

«Das trifft sich aber sehr gut. Der Bus nach Frunse geht morgen Vormittag am Busbahnhof ab. Ich denke, so etwa gegen zehn Uhr solltest du dort sein. Fahrscheine gibt es wie immer keine. Aber direkt neben der offiziellen Kasse siehst du ein Büro der Bahnhofsaufsicht. Da arbeitet eine gute Bekannte von mir. Die wird dich schon in den Bus bekommen. Doch jetzt genug von morgen. Maria, ist das Essen so weit?», rief er seiner Frau zu.

«Es ist bald kalt, wenn ihr zwei noch lange schwatzt», antwortete diese.

Die beiden Männer setzten sich auf der Terrasse an den Tisch. Es gab russischen Borschtsch und frisches Brot.

«Das habe ich selbst gebacken, mein Junge», gab die Hausherrin an. «Ich komme aus einem alten Kosaken-Geschlecht. Bei uns musste es immer frisches Brot geben. Bei uns isst man immer, und zwar zu jedem Gericht, Brot dazu.»

«Sogar zum Kuchen», scherzte ihr Mann.

«Brot ist wichtig. Wie soll man ohne Brot auskommen? Da ist das Leben kein Leben mehr», unterstrich sie noch einmal ihre Aussage, während der frische und duftende Laib Brot auf den Tisch kam.

«Die Kosaken haben diese Stadt hier gegründet. Während der Zarenzeit nannte man sie Werny, was so viel wie ‹der Treue› heißt. Deshalb sind die Kosaken auch ihren Traditionen so treu», meldete sich wieder Fjodor.

Beim Essen fragten die beiden Alten Wanja aus. Als er ihnen erzählte, dass er durch die Predigt des bekannten estnischen Pastors Tamm zum Glauben an Jesus gekommen war, brach der Damm, und auf Wanja prasselten die Fragen nur so ein. Ob er auch mal selbst in Tallinn gewesen sei, ob er Tamm auch persönlich kennen würde, ob es stimme, dass in seiner Gemeinde so viele Menschen zum

Glauben kommen würden und sogar einige von unheilbaren Krankheiten geheilt worden seien.

Wanja staunte nur über ihre Fragen. Hier war er Tausende von Kilometern von seiner Heimat entfernt, im Hause eines alten Baptistenehepaares, und dieses stellte ihm Fragen, die er zu Hause in seiner eigenen Gemeinde nie hörte. Ermutigt von den Fragen der beiden, erzählte Wanja von seinem Besuch in der Oleviste-Kirche vor einigen Monaten. Er erzählte ehrlich und offen. Sogar vom ganzen Ärger mit der Musik erzählte er.

«Ach, Wanja, wir sind alt geworden. Aber die Streitigkeiten über den richtigen Musikstil gab es bei uns schon immer. Bei uns Molokanen[7] gab es im Gottesdienst praktisch nur eine Melodie. Als dann die Baptisten zu uns kamen und ihre fröhlichen Lieder sangen, da wurde das als Teufelsmusik verschrien. Später sangen alle mit. Nach dem Krieg kamen wieder ganz andere Lieder, mehr in Moll und so. Und wieder gab es Streit. Menschen werden sich wohl immer über den rechten Stil streiten. Was ich so stark finde, ist, dass Gott in Tallinn wirkt. Wie damals in der Apostelgeschichte.»

Onkel Fjodor schien also über die Nachricht von der angeblich so schrecklichen Elektrogitarrenmusik gar nicht zu stolpern.

«Pastor Tamm war auch einmal bei uns. Ich kann dir heute noch sagen, worüber er sprach. Damals kamen viele junge Leute zum Glauben. Er war hier mit einem anderen Esten. Hör mal, Mutter, wie hieß noch der kleine Glatzkopf aus Estland, der so viele Sprachen konnte?»

«Attila hieß er. So wie der Hunnenkönig. Du hast dich

---

[7] Molokanen = Milchtrinker: Eine aus der russisch-orthodoxen Kirche entstandene Sekte. Aus den Reihen der Molokanen kommen die meisten Anhänger des russischen Baptismus.

noch gewundert, wie man den Kindern heute noch solche Namen geben kann.»

«Attila Arpad aus Rakvere?»

«Genau so, glaube ich, hieß der Mann. Das war ein ganz Lieber. Unsere russischen Prediger können gar nicht so lieb reden.»

«Ich kenne Arpad gut.»

Eine Flut neuer Fragen folgte. Und Wanja erzählte und erzählte.

Fjodor schien von Wanjas Bericht zutiefst angetan.

«Also, wenn du morgen noch bei uns wärst, dann würde ich ein paar Leute einladen. Du könntest auch ihnen von den Wundern Gottes in unserem Land erzählen. Noch besser wäre es, wenn du am Sonntag vor der ganzen Gemeinde predigen würdest. Pastor Ivan Michailowitsch würde dir bestimmt das Wort erteilen. Er ist ein großer Freund Tamms. Ich glaube, er hat sogar bei Tamm in Moskau studiert.»

«Sind Sie etwa auch in einer registrierten Baptistengemeinde?», wollte Wanja wissen.

«Klar doch, und ich habe auch nicht vor, meine Gemeinde zu verlassen. Auch wenn meine Freunde aus der nicht-registrierten Untergrundgemeinde, denen ich mit den Bibeln helfe, mich ständig dazu verleiten wollen. Was würden die denn tun, wenn es uns nicht geben würde? Bei einem von ihnen ließe sich eine Werkstatt wie die meine gar nicht erst einrichten. Die werden doch rund um die Uhr überwacht. Aber das ist ja nicht so wichtig. Erzähl uns mehr von Estland.»

Wanja berichtete von ihrer letzten evangelistischen Aktion in den Kaufhäusern und in den Telefonzellen.

«So einfach und so effektiv», jubelte der Alte.

Bis tief in die Nacht unterhielten sich Fjodor und Wanja. Fjodor erzählte ihm von seinem leidvollen Leben, und

Wanja nahm begierig seine Geschichte in sich auf. Hier war ein alter Mann, aber sein Denken war jung. «Ein wahrer Träger der Erweckung», dachte Wanja.

– 15. –
Mit Gott kommt man nie zu spät

Am nächsten Morgen schlief Wanja lange. Die Sonne stand längst hoch am Himmel. Er sah auf seine Uhr und erschrak. Es war neun. Bis zur Abfahrt des Busses nach Frunse war nur eine Stunde geblieben. Er sprang aus dem Bett, zog sich an und lief auf die Terrasse.

«Da bist du ja, Wanja. Ich dachte, wenn er nicht von selbst wach wird, dann ist es Gottes Wille und wir organisieren einen Abend mit dir. Aber jetzt bist du doch aufgestanden. Unser Linienbus geht in etwa zwanzig Minuten. Da kann ein guter Kosak seine Toilette, sein Frühstück und auch noch vieles andere erledigen.» Fjodor lachte.

«Hier habe ich dir eine Tasche mit Neuen Testamenten vorbereitet. Und hier ist die Adresse in Frunse. Diese hier in Taschkent. Du solltest die Adressen auswendig lernen. Wenn du bei den Leuten bist, dann sagst du ihnen folgende Worte zur Begrüßung: ‹Da seid ihr ja. Lange nicht gesehen und doch erkannt.› Und ihre Antwort ist dann: ‹Du siehst ja aus wie dein Opa Fjodor.›» Der alte Mann wiederholte die Parole noch einmal.

«Hast du verstanden? Es ist wichtig!», belehrte Fjodor Wanja, während dieser hastig sein Frühstück zu sich nahm. «Bitte wiederhole, was ich gesagt habe.»

Wanja wiederholte die Parole.

«Noch einmal, bitte.»

Wanja wiederholte sie noch einmal.

«Bitte nicht vergessen, mein Junge. Und bei geringsten Abweichungen einfach aus dem Haus gehen. Und jetzt husch, sonst erwischst du den Bus nicht.»

Sie umarmten sich, und Wanja lief zur Haltestelle. Hier standen bereits mehrere Leute und warteten. Der Bus war offensichtlich noch nicht da gewesen. Und er kam auch in der nächsten halben Stunde nicht. Die Menschen fluchten. Sie schienen so etwas nicht zum ersten Mal zu erleben.

«Bestimmt hat der Fahrer irgendwo einen Nebenverdienst gefunden. Für eine Flasche Wodka brechen die einfach ihren Fahrplan ab und fahren sonst wohin», wetterte ein älterer Herr.

«Und immer trifft es uns», pflichtete ihm eine Dame bei. Wanja schaute auf die Uhr. Seine Chancen, mit dem Zehn-Uhr-Bus nach Frunse zu kommen, schrumpften mit jeder Sekunde. Der laut geäußerte Ärger übertrug sich nun auch auf ihn. Er hatte doch gebetet! Warum ließ Gott nun zu, dass er zu spät kommen würde? Die Unzufriedenheit in ihm wich langsam blankem Ärger.

Nach einer Stunde Warten kam der Bus endlich. Am Bahnhof angekommen, erfuhr Wanja, was er bereits längst wusste: Der Bus nach Frunse war weg, und der Nächste würde erst abends fahren. Traurig meldete sich Wanja bei der Bahnhofsaufsicht, grüßte die Dame hinter dem kleinen Fenster von Fjodor und bat sie, ihm zu helfen, eine Fahrkarte für den Transfer nach Frunse zu besorgen. Und tatsächlich, ein paar Minuten später hatte Wanja seinen Fahrschein. Und das, obwohl die Verkäuferin an der Kasse ihm eine halbe Stunde zuvor jede Hoffnung genommen hatte, für diese ganze Woche überhaupt einen Platz zu erhalten. «Das ist ein System! Ohne

Beziehungen geht in diesem Land nichts», dachte er und bedankte sich bei der freundlichen Helferin. Jetzt galt es, sich einen ganzen Tag irgendwie sinnvoll die Zeit zu vertreiben. Wäre er bloß bei Fjodor geblieben. Doch zu diesem Ehepaar zurückzugehen, traute er sich nicht. Das konnte zu auffällig werden. Also blieb er in der Stadt und schaute sich die grüne Metropole Kasachstans an.

Alma-Ata, heute Almaty genannt, ist schön. Am Fuße des Tianshian-Gebirgszugs gelegen, versinkt die Stadt im Sommer in ihren Gärten und Parks. Eine zweite derart grüne Stadt hatte Wanja in seinem Leben noch nicht gesehen. Trotz enormer Hitze fühlte man sich im Schatten der Bäume wohl. Der blaue Himmel, frei von Wolken, fiel hier nicht wie eine heiße Pfanne den Menschen auf den Kopf, sondern wirkte eher beruhigend. Und natürlich der Blick auf die Berge. Auch jetzt im Sommer konnte man ihre schneebedeckten Spitzen nur erstaunt bewundern. Diese wohltuende natürliche Schönheit des «Großvaters der Äpfel», wie die Stadt übersetzt ins Deutsche heißt, legte sich irgendwie auf die Menschen. Nirgendwo sah man gestresste und hektische Leute. Die meisten der Passanten bewegten sich eher gemächlich durch die Stadt, so als hätten sie gerade erst ihren Urlaub angetreten und würden jetzt jeden Augenblick der wohlverdienten Erholung genießen.

Es dauerte jedenfalls nicht lange, und Wanja wurde von der Faszination dieser Stadt und ihrer Einwohner erfasst. Trotz seiner schweren Koffer schlenderte er Stunde um Stunde durch die Straßen. Völlig erschöpft vom langen Gehen erschien er eine Stunde vor Abfahrt des Busses am Bahnhof.

«Mal sehen, wie pünktlich der ist», dachte er, und der alte Ärger über den verpassten Vormittagsbus stieg erneut in ihm hoch. Doch jetzt lief alles nach Plan, und schon bald saß Wanja in seinem Sitz und schlief. Die Fahrt von Alma-Ata nach Frunse dauerte mehrere Stunden. Beide Städte liegen am Fuße hoher Berge. Die Straße war eigentlich ganz gut ausgebaut und im Unterschied zu vielen anderen Strecken in der Region recht sicher zu befahren.

Nach etwa zwei Stunden Fahrt wurde Wanja von einer allgemeinen Unruhe im Bus aufgeweckt. Er fragte seinen Sitznachbarn, was Sache war, und dieser zeigte aus dem Fenster in eine Bergschlucht, die jetzt bei Nacht nur schwer zu erkennen war. Man sah nur eine Reihe von Autos stehen, und Wanja glaubte so etwas wie einen Kran ausgemacht zu haben.

«Sie haben wohl geschlafen. Der Busfahrer erzählte uns vor einigen Minuten, dass der Vormittagsbus, der die gleiche Strecke abfährt, verunglückt ist. Es muss wohl hier gewesen sein. Diese Schlucht ist recht tief, und die Bergung erweist sich wahrscheinlich als schwierig. Ob das überhaupt jemand überlebt hat?»

Wanja war im Nu wach. Das war der Bus gewesen, in den er so dringend hatte einsteigen wollen! Jetzt läge er da unten in der Schlucht. Nicht auszudenken, wenn er ihn genommen hätte! Sein Gesicht wurde in einem Augenblick kreideweiß.

«Ist Ihnen nicht gut?», fragte sein Sitznachbar.

«Danke, es wird gleich vergehen. Ich wollte eigentlich mit diesem Bus fahren», erklärte Wanja. Er drehte sich zum Fenster. Tränen füllten seine Augen. Wie dumm war er doch. Gott hatte gewusst, was mit dem Bus passieren würde. Er war es, der Wanja davon abgehalten hatte. Er hatte seine Hand über ihm gehalten. Und er, Dummkopf, hatte sich geärgert. Nicht der Linienbusfahrer, den er wütend mit lauter Verwünschungen bedacht hatte, nicht das sowjetische System war es – Gott hatte es so werden lassen. An Zufälle glaubte Wanja schon lange nicht mehr. Sein Herz füllte sich mit tiefer Dankbarkeit. Zugleich aber stieg ihm das Gefühl der Scham ins Gesicht. «Du solltest dich schämen, mein Freund», sagte er zu sich selbst. «Gott hat das Beste mit dir vor, und du musst immer alles auf deine Weise haben.»

Versunken in solche Gedanken, bat er Gott um Vergebung. Und dann war es ihm auf einmal so, als würde er in seinem Herzen eine Stimme hören, die da sagte: «Fürchte dich nicht, mein Kind. Ich will dich mit meinen Augen leiten.» Es war der Herr, Wanja wusste es. So redete nur sein Herr. Den Rest der Reise verbrachte er nun im Gebet. Gott hatte ihm das Leben gerettet. Sollte er da nicht dankbar sein?

– 16. –
Marmelade ist nicht nur zum Essen da

Auch in Frunse verlief alles ohne Probleme. Wanja besuchte seine Verwandten in der Stadt und ging dann an einem der Nachmittage zu der Adresse, die Fjodor ihm gegeben hatte. Die lag in Nowopawlowka, einem Stadtteil außerhalb des Zentrums, in dem laut seinen Verwandten viele Deutsche leben würden. Auch die Familie, die Wanja besuchte, stellte sich als deutschstämmig heraus. Sie waren Plattdeutsche wie Wanja, und so fasste man recht schnell Vertrauen zueinander.

Und was in Alma-Ata geschehen war, passierte nun auch in Frunse. Seine Gastgeber hatten einiges von Tallinn gehört. Sie wussten sogar von einer Familie, die angeblich ihre kranke Tochter zur Oleviste-Kirche gefahren hatte, die da auf wundersame Weise geheilt worden sei. Auch hier erzählte Wanja von seinem Besuch in der Oleviste. Er erwähnte die laute Musik, die Zeugnisse und die Heilung von Juri.

«Ich bezweifle, dass das vom Herrn sein kann», bellte der ältere Bruder geradezu. «In der Gemeinde Gottes herrscht Ordnung. ‹Gott ist nicht ein Gott der Unordnung›», zitierte er die Heilige Schrift.

«Das stimmt, Bruder. Er ist ein Gott des Friedens», sagte Wanja.

Ihm war klar, in diesem Haus gab es wenig Akzeptanz und Verständnis für fremde Elemente im Gottesdienst.

«Wir hätten bei uns in der Gemeinde schon längst solche musikalischen Ausschreitungen verboten. Da beginnt der Abfall vom Glauben, genau da beginnt er. Erst verstärken sie ihre Gitarren, dann spielen sie Tanzmusik in der Kirche. Wem tut so etwas gut? Ich sage dir, allein dem Teufel. Allein dem Teufel tut es gut.»

«Und was ist dann mit den Wundern, die da passieren?», wollte einer der Söhne des älteren Mannes wissen.

«Wunder kann auch der Teufel tun», antwortete dieser. «So, und jetzt ab an die Arbeit, Kinder. Danke für die Neuen Testamente, Wanja. Wir können sie wahrhaftig gut gebrauchen.»

Wanja verließ Nowopawlowka mit gemischten Gefühlen. Wie anders war doch diese Begegnung als die in Alma-Ata gewesen. «Auch sie werden daraus lernen, Wanja», hörte er plötzlich eine Stimme, die aus seinem Inneren zu kommen schien. Es war die gleiche Stimme, die er schon im Bus auf der Herfahrt von Alma-Ata gehört hatte. Gott sprach zu ihm. Hoffnung zog in sein Herz. Die Trauer über die schwierigen Diskussionen in der besuchten Familie entfachte ein tiefes Verlangen danach, Gott um Beistand für sie zu bitten und sie zu segnen. Das tat Wanja dann auch.

Noch am gleichen Abend ging sein Zug nach Taschkent. Seine Verwandten begleiteten ihn zum Bahnhof. Die liebe Tante Emilie hatte ihm ein Drei-Liter-Glas Marmelade mitgegeben. Wanja stellte es in die Tasche mit den Neuen Testamenten. Kaum hatte er das Bahnhofsgebäude betreten, da näherte sich ihm ein Polizist und forderte ihn auf, ihm zu folgen. Wanja blieb nichts anderes übrig, als zu gehorchen. Sie betraten einen großen hellen Raum, in dem ein paar andere Polizisten standen und rauchten.

«Tja, mein Freund, da haben wir dich erwischt, was?! Aus Estland kommst du. So-so. Verwandte hast du besucht. Wer sollte das glauben? Soll ich dir sagen, was du hier getrieben hast? Verbotenes antisowjetisches Propagandamaterial hast du in die Stadt gebracht. Her mit deiner Tasche!»

Der Polizist riss Wanja die Tasche mit den Neuen Testamenten aus der Hand, stellte diese auf den Tisch und sagte dann triumphierend: «Da hast du den Beweis!»

Dabei stieß er mit Wucht seine Hand in die Tasche und erwischte die mit Zeitungspapier abgedeckte Marmeladenglasöffnung. Seine Hand durchschlug das Papier und landete tief in der frischen Marmelade. Er hatte alles andere als das erwartet. Erschrocken riss er die Hand aus der Tasche. Die Marmelade tropfte auf den Fußboden.

«Was ist das denn für ein Mist?», brüllte der Polizist.

«Mit Verlaub, Genosse, das ist Marmelade, gute kirgisische Marmelade. Meine Tante hat sie mir mitgegeben.»

Die anderen Polizisten im Raum brachen in lautes Gelächter aus. Der arme Polizist. Er sah sich hilflos um und schrie dann Wanja laut an: «Verschwinde von hier, du Marmeladen-Fedja.»

Seine wütende Reaktion verursachte ein noch lauteres Gelächter.

Wanja ließ sich kein zweites Mal bitten. Er packte seine Tasche und lief aus dem Raum. Gut, dass er das Marmeladenglas mitgenommen hatte. «Und ich wollte es erst gar nicht einpacken. Ärgerte mich auch noch über die liebe Tante Emilie. Nein, auf dieser Reise hat Gott die Fäden in der Hand. Dass ich das so schwer verstehen will! ...» Seine Gedanken rasten wieder einmal. Seine ungläubige Tante Emilie – sie war offensichtlich Gott mehr gehorsam als er. Hätte sie nicht mit einer solchen Vehemenz darauf bestanden, dass das Glas mitzukommen hatte, dann ... Von sich aus hätte Wanja das gut gemeinte Geschenk nie mitgenommen. Jetzt hatte die Marmelade ihn offensichtlich vor der Verhaftung gerettet. Er freute sich.

Erst viel später kam ihm die Frage, woher denn die Polizisten wissen konnten, dass er Neue Testamente bei sich hatte. Er hatte seinen Verwandten kein Wort davon erzählt. Die Einzigen, die etwas wissen konnten, waren die Gläubigen aus Nowopawlowka. Denen hatte er auch gesagt, dass er den Zug nach Taschkent nehmen würde. «Die haben mich verraten», kam ihm der Gedanke, und er erschrak dabei. Er erinnerte sich noch genau an die Reaktion des Familienvaters auf Wanjas Bericht über die Oleviste-Gemeinde. Wie empört er über die Musik gewesen war. Wie deutlich hatte er sich von den sogenannten Machenschaften des Teufels distanziert. Und nach all dem verriet er noch einen Bibelboten! «Onkel Fjodor hatte Recht. Ich hätte denen nicht sagen sollen, dass ich nach Taschkent reise. So habe ich mich selbst in Gefahr begeben.»

Noch lange grübelte Wanja über den Fall. Seine Freude über die Bewahrung mischte sich mit einer tiefen Trauer über Christen, die mit dem Staat zusammenarbeiteten und ihre eigenen Brüder verrieten. Ob sie überhaupt gläubig waren? Und wie viele solcher lauter, konservativer «Brüder» gab es in den Gemeinden! Sein Mentor Stepanow, der gute Onkel Kolja, hörte nicht auf, vor dieser Armee von Pseudobrüdern zu warnen. Jetzt war er, Wanja, selbst einem solchen aufgesessen.

Noch im Zug schrieb er Fjodor einen Brief. Das Schreiben war voller Ermutigung. Er erklärte dem alten Kämpfer, wie die Oleviste-Abende genannt wurden und warum das Wort Effatah ihm so wichtig geworden war. Ganz am Schluss seines Briefes stand ein Hinweis auf sein Problem in Frunse. «Hier in Frunse singen die Vögel so laut, dass sogar die Polizei eingesetzt werden muss.»

Er hoffte stark, dass Fjodor seinen versteckten Hinweis verstehen würde.

– 17. –
Verwandtenbesuch in Zhetysay

Die Fahrt nach Taschkent verlief recht angenehm. Wanja kam rechzeitig an. Aber zu der Adresse, die er von Onkel Fjodor bekommen hatte, ging er nicht. Die Begegnung mit den Beamten in Frunse hatte ihn vorsichtig gemacht. Er war recht unerfahren im Umgang mit der Geheimpolizei. Was, wenn man ihn nun doch beschattete? Was, wenn die kirgisischen Ordnungshüter ihre Taschkenter Kollegen informiert hatten? Er hatte keinen Schatten registriert, der ihn verfolgte. Aber was besagte das schon?

Eine innere Stimme warnte ihn davor, den Kontakt

aufzusuchen. Stattdessen bestieg Wanja den nächsten Bus nach Zhetysay, einer kleinen Stadt in der sogenannten Südlichen Hungersteppe im Gebiet von Syr-Darja, etwa 120 km südwestlich von Taschkent gelegen. Hier lebten viele seiner Verwandten. Von hier aus siedelte seine Familie vor sieben Jahren nach Estland um. Zhetysay war das Endziel seiner Reise.

Wanja kam am Samstagnachmittag bei seiner Tante Hilde an. Die Fahrt nach Zhetysay rief Kindheitserinnerungen in ihm wach. Die weiten Baumwollfelder, die breiten Bewässerungskanäle und immer wieder hohe Berge von Wasser- und Honigmelonen am Rande der Straße – war das eine Zeit! Er dachte gerne zurück. Und langsam lief ihm das Wasser im Mund zusammen. Schmeckten diese Melonen gut! Als Kind hatte er Tonnen davon durch seine Hände und seinen Magen gehen lassen. Seine Mutter kochte Sirup aus diesen großen, honigsüßen Melonen. Und Wanjas Aufgabe war es, die Schale klein zu schneiden. Nichts durfte einfach so weggeworfen werden. Aus den Melonen gab es Sirup und aus der Schale Futter für die Ziege und für das Schwein im Stall. Und während er so Berge dieser Schale zerschnippelte, landete Stückchen um Stückchen der Melone in seinem Bauch. Manchmal hatte er danach Mühe, sich vom Platz zu erheben.

Nicht nur die Melonenberge aktivierten seine Erinnerungen. Ab und zu fuhr der Bus auf einen der größeren Parkplätze, die entlang der Trasse angelegt waren. Hier standen mehrere Grillstände, an denen Schaschlik gegrillt und an die Reisenden verkauft wurde. Wanja konnte der Versuchung nicht widerstehen und kaufte sich an einem der ersten Plätze einen Spieß. Er war lecker.

Niemand kann so Schaschlik machen wie die Usbeken. Und dann erst Pilaw, das nationale Reisgericht der Usbeken! In riesigen Gusstöpfen wurden hier das Fleisch und der Reis im Fett gekocht. Und bekam man dann das Gericht serviert, so war dieses weder fettreich noch verklebt. Jedes Körnchen Reis kann man ohne Mühe von den anderen trennen. Aber das Wichtigste daran – es schmeckt. So holte sich Wanja gleich beim nächsten Halt eine volle Schüssel Pilaw. Er war längst satt. Aber die Luft über ihm war regelrecht angereichert mit all diesen Gerüchen aus seiner Kindheit. Und so zog es ihn bei jedem Halt zu einem der Stände. Nach Schaschlik und Pilaw folgten Manty, gefüllte Teigtaschen. Und immer wieder ein Glas Kwas, ein auf altem Brot angesetztes Getränk.

Es war heiß, brütend heiß im Bus. Alle Fenster waren weit offen, und doch schien keine Luft durchzukommen. Und wenn sie durchkam, dann ähnelte sie mehr einem Sauna-Aufguss in einer guten finnischen Sauna als einer erfrischenden Brise. Trotz dieser Widrigkeit genoss Wanja die Fahrt. Vieles hatte sich seit dem Wegzug seiner Familie verändert. Nur selten erkannte er einen Dorfnamen. Aber diese Luft, sie brachte ihm das Beste seiner Kindheit in Erinnerung. Was auch immer seine Eltern hier erlebt hatten, er hatte eine schöne Kindheit gehabt. Die Freude über die Begegnung mit den Plätzen seiner frühen Jugend erfüllte ihn mit einer großen inneren Spannung.

Im Haus seiner lieben Tante Hilde herrschte große Aufregung von dem Augenblick an, als Wanja über die Schwelle trat. Die Verwandten hatten sich seit Jahren nicht mehr gesehen, und es gab viel zu berichten. Wanja erzählte gern. Tante Hilde wollte wissen, wie er zum Glauben gekommen war. Sein Zeugnis beeindruckte alle.

«Ich habe euch ein Geschenk mitgebracht», sagte Wanja, als er mit seiner Geschichte fertig war.

«Aber du hast uns doch längst alle Geschenke gegeben, oder nicht?», meinte seine Tante neugierig.

«Nein, das hier ist ein ganz besonderes Geschenk. Wer von euch hat noch kein Neues Testament?»

Ein paar Hände gingen hoch.

«Würdet ihr euch eines wünschen?»

«Und ob. Aber so etwas ist bei uns echt Gold wert», antwortete seine Cousine.

«Ist es, in der Tat», sagte Wanja und ging zu seiner Tasche. Erst holte er das Marmeladenglas heraus, dann folgten die Testamente. Die Freude seiner Verwandten war unbeschreiblich.

«Ich erzähle euch mal, was ich vorgestern in Frunse erlebt habe», fing Wanja an, von seiner Erfahrung mit dem Glas Marmelade zu berichten.

«Wahnsinn! Da hat Gott dich aber wirklich bewahrt», schloss seine Tante.

Es war ein herrliches Wiedersehen. Bis spät in die Nacht sangen sie Lieder, und immer wieder erzählte Wanja von Estland. Seine Verwandten hatten viele Fragen. Estland lag fünftausend Kilometer nordwestlicher. Aus der Zhetysay-Perspektive war das Europa von seiner besten Seite.

«Ist das wahr, dass man in Estland die Häuser nie abschließt, weil niemand stiehlt?»

«Ist es wahr, dass man in jedem Restaurant so viel Brot kostenlos essen kann, wie man will?»

«Ist es wahr, dass in den Läden immer Bonbons zu haben sind?»

«Ist es wahr, dass man Milch in Papierdosen kaufen kann?»

Die Fragen schienen nicht aufhören zu wollen. Wanja antwortete, so gut er konnte.

Dann überraschte ihn seine kleine Cousine Nelli mit

der Frage: «Ist es wahr, dass Valeri Petruschenko, der Boxchampion, in Tallinn zum Glauben gekommen ist?»

Wanja war perplex. Hier – buchstäblich am Ende des sowjetischen Reiches – wusste man also von Effataa.

Gern erzählte er von seinem Besuch in Tallinn.

«Woher habt ihr denn diese Information?», fragte er neugierig.

«Unser Jugendleiter ist in Tallinn gewesen. Der ist so was von begeistert», klärte ihn Nelli auf.

Am nächsten Tag war Sonntag. Die Familie seiner Tante ging zum Gottesdienst. Sie gehörten zu einer deutschen Baptistengemeinde, der die Behörden vor wenigen Jahren die Erlaubnis erteilt hatten, ein geräumiges Gemeindehaus zu bauen; Bethaus nannte man es hier. Es befand sich außerhalb der kleinen Stadt, nicht weit vom Friedhof entfernt. Wanja erreichte das Bethaus eine halbe Stunde vor dem Gottesdienst. Der Saal war fast ganz gefüllt mit Besuchern. Seine Cousine führte ihn zum Jugendleiter, von dem sie am Tag zuvor erzählt hatte, dass er in Tallinn gewesen war.

«Slawa, das ist mein Cousin, er kommt aus Estland, und er war auch in der Oleviste in Tallinn», platzte sie sofort mit der ganzen Information heraus.

«Du bist aus Estland und kennst Effataa?», fragte Slawa begeistert.

«Ja, das stimmt», antwortete Wanja knapp. Ihm war der ganze Aufstand, den seine Cousine machte, gar nicht so lieb.

«Dienst du auch am Wort?», fragte er weiter.

«Immer wieder mal.»

«Bin gleich zurück», sagte Slawa und ließ Nelli mit Wanja stehen. Ein paar Minuten später war er wieder da.

«Komm mal mit, Wanja, unser Ältester möchte dich gerne sehen», sagte er freundlich.

Wanja folgte ihm. Sie betraten das Bruderzimmer, wie man dieses kleine Zimmer nannte, das meist direkt hinter der Bühne mit der Kanzel und den Stühlen für den Chor platziert war. An einem langen Tisch saß eine Reihe von Männern. Am Kopf des Tisches stand ein kleinerer Arbeitstisch quer zum langen Tisch, hinter dem der Älteste saß. Slawa führte Wanja in den Raum und bot ihm einen der Stühle an. Wanja setzte sich. Für einen Augenblick breitete sich im ganzen Raum eine würdige Stille aus. Alle Augen waren auf Wanja gerichtet.

«Du kommst also aus Estland, Bruder?», fragte ihn der Älteste.

«Ja, das stimmt. Mein Name ist Hans Richter, aber alle nennen mich Wanja, und ich gehöre zu der Gemeinde in Kohtla-Järve», antwortete Wanja würdevoll.

«Kennst du Bruder Attila Arpad?»

«Ja, ich kenne ihn, und ich habe ihn noch vor wenigen Wochen in seinem Haus besucht.»

«Und Bischof Tamm?»

«Kenne ich auch. Ich bin bei einer seiner Evangelisationen zum Glauben gekommen.»

«Er ist ein großer Mann Gottes. Ich habe bei ihm in Moskau studiert», sagte der Älteste. «Ich schlage vor, du sprichst als Zweiter», schloss der Älteste seine Prüfung.

Wanja war gar nicht darauf vorbereitet zu predigen, aber sein Mentor Onkel Kolja hatte ihn die goldene Regel des Predigers gelehrt: «Sag niemals Nein, wenn sich dir eine Chance bietet, das Wort Gottes zu predigen.» Also nickte er nur kurz.

«Bruder Johannes Fast schließt die Versammlung, und Slawa, du leitest sie ein.»

Damit war alles aufgeteilt. In einem guten baptistischen Gottesdienst predigten drei Brüder, der Chor sang vier bis sechs Lieder, und nach jeder Predigt wurde zum Gebet aufgerufen. Dieser Gottesdienst hier schien nach der typischen Liturgie abzulaufen.

Bald begann der Gottesdienst. Wanja durfte mit den dienenden Brüdern hinter der Kanzel Platz nehmen. Der Saal war bis auf den letzten Platz besetzt. Viele der Besucher waren jung. Diese Gemeinde schien zu leben.

Slawa eröffnete den Gottesdienst mit einem Wort aus dem Markus-Evangelium. Immer wieder kehrte er zu dem Gedanken zurück, dass es Jesus ist, der uns die Augen öffnen muss. «In Tallinn nennen die Geschwister ihre Gottesdienste Effataa, was so viel wie ‹Öffne dich› heißt. Das Wort hat Jesus einmal an einen Taubstummen gerichtet. Dadurch heilte er ihn. Heute haben wir einen Besucher aus Estland unter uns, Wanja Richter. Er kann euch bezeugen, unser Herr wirkt mächtig in Tallinn, weil er den Menschen offene Augen schenkt. Lasst uns den Herrn bitten, dass er auch zu uns ‹Effatah› sagt.»

Die Menschen folgten seinem Ruf, und alle im Saal gingen auf die Knie. Eine lange Gebetsgemeinschaft folgte nun.

Dann sang der Chor, und Wanja ging auf die Bühne. Gott hatte ihm ein Wort aus den Psalmen aufs Herz gelegt. Seine Predigt packte die Menschen. Hier und da sah man Tränen in ihren Augen. Dieser junge Mann aus dem fernen Estland schien für sie etwas Besonderes zu verkörpern.

«Bei all dem Guten, was sie aus Estland hören, ist diese Begeisterung für meine bescheidene Rede fast nicht verwunderlich», dachte Wanja nach dem Gottesdienst. Denn viele Menschen kamen auf ihn zu und bedankten sich für die gesegnete Predigt.

Ein älterer Bruder fasste ihn am Arm, zog ihn etwas zur Seite und sagte dann: «Möge Gott uns hier in Mittelasien genau so eine Erweckung schenken, wie ihr sie in Estland habt.»

Am liebsten hätte Wanja ihn aufgeklärt und gesagt, dass auch sie in Kohtla-Järve keine Erweckung haben und dass sie nur intensiv dafür beten, aber der Mann war schon wieder weg. Andere kamen an seiner Stelle.

Als Wanja endlich im Haus seiner Tante ankam, wartete auch hier wieder ein Dutzend Leute. Sie wollten mehr hören. Wanja erzählte ihnen von ihren Freitagsgebeten, dem Evangelisationsteam und ihren Erfahrungen mit der Verteilung von handgeschriebenen Traktaten in den verschiedenen Kaufhallen der Stadt. Jedes Wort von ihm wurde regelrecht aufgesogen.

Abends, als alle gingen und er draußen auf der Veranda mit seiner ältesten Cousine noch einen Tee trank und die tiefen Sterne über dem Sommerhimmel bewunderte, da sprach sie aus, was ihm bereits den ganzen Tag durch den Kopf ging: «Bei uns ist die Luft reif für einen geistlichen Aufbruch. Ob es so kommt wie in Tallinn? Ich weiß es nicht. Aber die Motivation, die du mitbringst, vertieft die Furche, die Gott längst gegraben hat.»

– 18. –
Das Land ist offen

Wanja war am Montag bereits in aller Frühe wach. Er hatte eine ganze Woche vor sich, um die Stadt seiner Kindheit zu erkunden. Und irgendwie ging ihm das alles sehr nahe. Dazu kamen die überraschende Aufmerksamkeit der Christen in der örtlichen Gemeinde und ihr Interesse für Erweckung. Offensichtlich war Gott dabei, auch hier den Menschen die Herzen zu öffnen und mit tiefer Sehnsucht nach direkter Gotteserfahrung zu füllen. Sobald seine Verwandten gegangen waren – die einen zur Arbeit, andere zur Schule oder zu sonstigen Verpflichtungen der anbrechenden neuen Woche –, verließ auch Wanja das Haus.

Es war ja erst acht Uhr morgens, aber die Luft hing bereits schwer und erdrückend über Zhetysay. Wanja beschloss, als Erstes sein ehemaliges Elternhaus aufzusuchen.

Sie lebten damals in der Tschimkentskajer Straße. Seine Eltern gehörten zu den Ersten, die hier ihr Haus bauten. Arm und mittellos, wie sie waren, wagten sie es doch, mit ihren vier kleinen Kindern aus dem benachbarten Dorf Mikojan nach Zhetysay zu ziehen. Wanja war vom ersten Spatenstich an dabei. Sein Vater war der Meinung, dass sein Junge gleich richtig drangenommen werden musste. Und so half er, wo ein Sechsjähriger nur helfen konnte. Am meisten Spaß machte es ihm, Lehmziegel herzustellen. Erstaunlich, wie einfach das ging. Man mischte einfachen Lehm mit Stroh, gab die nasse Lehmmasse in eine Form und stülpte dann die geformten Ballen auf den Boden, damit sie in der Sonne trockneten. Schon bald waren die Ziegel hart. Und Wanja durfte dann aus ihnen wohlgeordnete Stapel machen.

Erinnerungen wie diese holten ihn ein, als er langsam die Straße entlangschritt. Er wählte bewusst den Weg, auf dem er jahrelang zur Schule gegangen war. Als er am Haus vorbeikam, in dem einmal der Frisörsalon untergebracht war, musste Wanja unwillkürlich lachen. Vor seinem inneren Auge sah er sich selbst als neunjährigen Querkopf. Er war mit der Frisur, die ihm sein Vater verpasste, unzufrieden und meckerte dauernd, und als es wieder einmal so weit war, dass seine Haare geschnitten werden mussten, da sagte er sich radikal von Vaters Haarschneidekünsten ab.

«Ich will zu einem richtigen Frisör», bockte Wanja.

«Du kannst, wenn du willst. Wo der Salon ist, weißt du. Hier hast du Geld. Gehen wirst du aber allein», stellte sein Vater klar. «Wer so alt ist, dass er über seinen Haarschnitt selbst entscheiden möchte, sollte auch ohne fremde Hilfe den Frisör aufsuchen können.»

«Was soll ich denn zu dem Frisör sagen? Ich war doch nie in einem solchen Salon!» Vaters harsche Worte verunsicherten den Kleinen.

«Du solltest ihm die Frisur nennen, die dir gefällt», antwortete sein Vater.

«Aber ich weiß doch gar nicht, wie die Frisuren heißen. Welche gibt es denn?»

«Es gibt zum Beispiel die ‹Pod Katowskogo›-Frisur», antwortete sein Vater und konnte sich dabei kaum vor Lachen halten. «Oder du kannst dem Frisör auch einfach erklären, wie dir der Haarschnitt am besten gefallen würde.»

Pod Katowskogo klang irgendwie solide, und so marschierte Wanja zum Salon, fest entschlossen, genau darum zu bitten. Er war viel zu klein, um zu wissen, dass Katowski ein glatzköpfiger Befehlshaber der Roten Armee gewesen war und «Pod Katowskogo» nichts anderes meinte als: «Dem Katowski gleich», also eine Glatze.

Der Ärger war groß. Kaum hatte Wanja das Stichwort von sich gegeben, so bohrte sich auch schon der Haarschneider in seine Haare. Ihm verschlug es die Sprache. Er wollte protestieren, schreien, weglaufen. Aber stattdessen blieb er wie gefesselt auf seinem Platz sitzen. Nur dicke Tränen rollten seine Wangen hinunter. Dafür tobte er dann zu Hause. Es war definitiv sein letzter Besuch eines Frisörsalons in Zhetysay gewesen.

Er stand jetzt vor dem Haus und lachte. Jahrelang konnte er seinem Vater die Geschichte nicht vergeben. Zu tief saß die Verletzung. Erst als er zum Glauben an Jesus gekommen war, wurde auch diese Wunde geheilt.

Heute war irgendein Kramladen in den Räumen untergebracht. Wanja stand gegenüber dem Haus und hing seinen Erinnerungen nach. Ein vorbeigehender Passant sagte, ohne anzuhalten: «Der kommt nicht vor Mittag. Nach einem Wochenende ist der immer krank, zu viel gesoffen halt.»

«Danke, aber ich will gar nicht in den Laden», antwortete Wanja und schlenderte weiter in Richtung Poliklinik. Hier war bereits reger Betrieb. Menschen gingen ein und aus. Einige hielten sich die Wange.

«Ach ja, der Zahnarzt», kamen ihm die Erinnerungen. War das eine Gaudi gewesen! Seine Mutter überredete ihn, mit ihr und seinen beiden Schwestern zur Zahnuntersuchung zu gehen. Sie begleiteten sie, ahnungslos, wie sie waren.

«Tut es weh?», wollte Wanja von seiner Mutter wissen.

«Wenn, dann nur ein bisschen. Du bist ja schon ein großer Junge. Du wirst das bestimmt verkraften.»

Dann saßen sie im Empfangsraum der Zahnärztin. Es war eine große dicke Frau mit einem angeschwollenen, groben Gesicht. «Sieht aus wie der Schlachter vom Schlachthof», kam Wanja damals der Vergleich in den Sinn. Ein junger Mann, der neben ihnen auf der Bank Platz genommen hatte und sich ständig die Wange hielt, wurde hineingerufen. Er verschwand hinter der Tür, und ein paar Minuten später hörten die Kinder einen lauten Schrei. Dann wieder. Und wieder. Angst stahl sich in Wanjas Herz. Was die Dicke da wohl mit dem armen Jungen machte? Als er wieder aufschrie, sprang Wanja hoch. Seine Mutter versuchte ihn noch zu halten, aber er huschte an ihr vorbei und lief ins Freie. Seine beiden

Schwestern ihm hinterher. Das war ein herrliches Bild: ihre Mutter in wilder Verfolgungsjagd hinter den drei Ausreißern her. Natürlich kriegte sie Wanja nicht. Dafür aber der Vater am Abend. Was wohl mehr Schmerz verursacht hatte, der Zahn oder die Tracht Prügel mit dem Ledergürtel? Ach ja, waren das Zeiten. Wanja schmunzelte gedankenversunken.

An seiner alten Schule erfasste Wanja Scham. Er war ein guter Schüler gewesen. In der Regel der Klassenbeste. Und seine Lehrer förderten ihn, wo es nur möglich war. Wenn da bloß nicht seine Eltern gewesen wären. Vater wollte nicht, dass er Jungpionier wurde, und als man Wanja auftrug, Posaune oder auch die Klassentrommel zu spielen, da verboten es ihm seine Eltern. Wanja hasste es. Er begann vieles, was in der Schule lief, heimlich mitzumachen. Seine Mutter arbeitete eine Zeitlang als Putzfrau in der Schule, und Wanja schämte sich für sie. Wo es nur ging, versuchte er die Begegnung mit ihr zu vermeiden. Und jetzt, Jahre später, schämte er sich für sein Verhalten. Wie raffiniert muss doch das System sein, dass es so etwas in das Herz eines Kindes pflanzen kann. Dabei hatte seine liebe Mutter alles, absolut alles für ihn getan. «Ich sollte meine Mama einmal für dieses Verhalten um Vergebung bitten», dachte er.

Er betrat die Schule. Nur wenig hatte sich in diesem Gebäude geändert. Lediglich die Menschen, die ihm entgegenkamen, waren ihm fremd. Da war sein Klassenzimmer. Er sah hinein. Es war leer. Fast schüchtern betrat er den Raum. Da in der ersten Reihe am Fenster hatte er meist seinen Platz gehabt. Direkt vor dem Lehrer zu sitzen, das hatte er gleich im ersten Jahr seiner Schulzeit herausgefunden, bedeutete, am wenigsten belangt zu werden. Die Lehrkräfte waren meist auf die letzten Reihen fixiert. Vorne saßen die besseren Schüler. Wenigstens schienen die Lehrer davon auszugehen.

Wanja war zwar ein guter Schüler, aber auch ein dreister Anstifter. Immer wieder entwickelte er Ideen, wie man seine Lehrer bloßstellen konnte. Das eine Mal bemalten sie den Stuhl ihres schlecht sehenden Lehrers mit Kreide. Als er nach einer Weile vom Stuhl aufstand, schmückte ein breites Grinsegesicht sein Hinterteil. Natürlich brach die Klasse in lautes Gelächter aus. Das andere Mal brachte Wanja mit seinem Freund Waldemar einen ausgewachsenen Waran, ein großes Reptil, in die Klasse. Waldemars Vater hatte es eingefangen und einen extra Kasten für den Waran gebaut. Wieder war es ihr Lehrer, der nun leiden musste. Weil er so schlecht sah, beugte er sich tief zum Kasten hinunter, so dass der Waran sich gefährdet sah und dem Mann seine lange Zunge ins Gesicht schleuderte. Der Lehrer erschrak, sprang zur Seite, stolperte und fiel zu Boden. Er verletzte sich dabei und erschien in der folgenden Woche nicht zur Arbeit.

Wanja war damals stolz darauf, so etwas ausgeheckt zu haben. Jetzt schämte er sich. «Wenn ich bloß Georgi Iwanowitsch treffen könnte. Ich muss mich bei ihm entschuldigen. Ich habe dem Mann viel Leid angetan», dachte er. Währenddessen betrat eine junge Frau den Raum. Sie sah Wanja an und fragte ihn, was er denn hier tun würde.

«Ich habe hier vor Jahren einmal die Schule besucht. Jetzt leben wir in Estland. Ich bin auf Urlaub hier. Ist Georgi Iwanowitsch noch an der Schule?»

«Leider nicht mehr. Er ist letztes Jahr gestorben», sagte die junge Frau. «Ich unterrichte jetzt an seiner Stelle.»

Wanja verabschiedete sich von ihr und ging traurig aus dem Gebäude. Bei seinem alten Lehrer konnte er also nichts mehr wiedergutmachen. Den gab es nicht mehr.

«Vergib du es mir, Vater im Himmel», betete Wanja.

Überhaupt musste sich Wanja an diesem Tag noch oft schämen. Ihm kam es vor, als würde Gott ihm seine Kindheit neu aufrollen und seinen Finger auf die Stellen legen, wo er Heilung und Erneuerung brauchte. So war es vor dem Haus ihrer ehemaligen Nachbarn. Andere Menschen lebten bereits hier, aber Wanja erinnerte sich plötzlich an die sexuellen Spielereien mit dem Nachbarjungen. Versteckt vor den Augen ihrer Eltern suchten sie es auch einmal zu erleben, was man so von Erwachsenen mitbekam.

«Was hätte aus mir bloß werden können, wenn ich hiergeblieben wäre», dachte Wanja traurig. Von Masturbation bis zu weiteren sexuellen Spielarten – alles hatten sie hier im zarten Alter von sieben bis zwölf Jahren besprochen und auch mal ausprobiert. Aus dem Fenster seines Elternhauses konnte man das Baumwolllager sehen. Oft nistete er sich mit ein paar seiner Nachbarjungs in so einen Baumwollberg ein und rauchte. Und wenn diese ganze Baumwolle Feuer gefangen hätte? Er wäre bestimmt nicht mehr am Leben. Er hatte schlimme Dinge in seiner Kindheit angestellt. Auf einmal wurde ihm diese Seite seiner Jugend bewusst. Er hatte noch nie darüber nachgedacht, und er hatte noch nie darüber Buße getan. Wanja ging die Straße entlang und schämte sich.

Die kasachischen Nachbarn von schräg gegenüber lebten noch hier. Wanja klopfte am hohen Tor, und tatsächlich, die alte Apascha, die Mutter von Kairat und Essen, öffnete die Tür. Sie erkannte Wanja sofort.

«Da ist aber der Allmächtige unserem Haus gnädig», sagte sie freundlich. «Wo kommst du denn her, Wanja? Komm herein, mein Sohn. Kairat ist krankgeschrieben. Er wird sich bestimmt freuen, dich zu sehen.»

«Ob er sich wirklich freuen wird?», zweifelte Wanja.

Zwei Mal hatte er diesem Jungen ein Loch in den Kopf

geschlagen. Und das nur, weil er ihn geärgert hatte. Freunde waren sie nie gewesen. Wanja galt eher als Kasachenhasser, und er hielt sich selbst für viel höher entwickelt als diese in seinen Augen primitiven Kasachen.

Kairat kam. Auch er war freundlich. Schon bald saßen sie auf dem Toptschan, einem erhöhten Platz, aus Holz gebaut, der mit Teppichen ausgelegt war und auf dem man halb liegend seine Mahlzeiten zu sich nahm. Es gab Tee und süße, in Fett gebratene Teilchen, die man hierzulande Barsuki nennt.

«Ich habe mein Leben radikal umgestellt, Kairat. Heute schäme ich mich für all das Böse, das ich dir und den Kasachen überhaupt als Kind angetan habe», sagte Wanja, nachdem sie sich etwas über die Familie und gemeinsame Freunde ausgetauscht hatten.

«So viel kann es doch gar nicht gewesen sein, Wanja», unterbrach ihn Kairat. «Wir waren Kinder. Da macht man eben allerlei.»

«Und doch will ich mich bei dir entschuldigen. Ich habe dir zwei Mal ein Loch in den Kopf geschlagen, und oft hab ich dich beschimpft. Gott will so etwas nicht.»

«Allah sieht alles, und wir werden eines Tages alle vor ihm Rechenschaft ablegen», fügte Kairats Mutter hinzu.

«Mutter, bitte, lass uns mit Wanja mal alleine. Wen interessiert heute noch dein Allah?»

«Also, Kairat, bitte vergib mir.» Wanja streckte dem jungen Mann seine Hand entgegen. Dieser stand auf, und Wanja spürte regelrecht, wie etwas Schweres von seinen Schultern fiel.

«Wir sollten das feiern. Mutter, haben wir Arrak da?», rief er laut.

«Entschuldige mich, mein Freund, aber ich trinke keinen Alkohol mehr. Ich bin Christ geworden, und ich sollte sowieso bald gehen.»

«Kein Thema, Wanja. Ich werde hier in meinem Haus den ganzen Tag mit dem Thema Gott konfrontiert. Dafür sorgt meine Mutter schon. Und auf der Arbeit ist auch fast jeder zweite deutsche Kollege ein Baptist. Ich würde wahrscheinlich schon lange selbst mehr über Gott nachdenken. Aber was ich da manchmal von unseren Baptisten alles sehe! Der eine predigt mich immer wieder an, aber als sie ihre Kirche gebaut haben, da hat er fast jeden Tag Baumaterial aus der Firma mitgehen lassen. Sag mal, kann Gott, der das Gebot aufstellt: ‹Du sollst nicht stehlen›, in einem Haus sein, das mit zusammengeklautem Baumaterial gebaut wurde? Oder sieh dir mal ihre Autos an. Du brauchst ja am Sonntag nur einmal an ihrem Bethaus vorbeizufahren. Was da für Karossen stehen! Woher haben die das Geld? Und ihre Häuser! Komm, Wanja, ich will dich nicht beleidigen, aber so ganz kann ich mir Gott doch nicht vorstellen!»

«Die Christen irren sich eben. Sie müssen an Allah glauben, dann werden sie das anders tun», mischte sich wieder Kairats Mutter ins Gespräch ein.

«Hör mir *damit* auf, Mutter. Deine Muslime sind genauso schlimm. Meinst du, sie bauen ihre Moscheen anders? Das ist doch alles nur Geschwätz.»

«Entschuldige, Kairat, ich wollte dich wirklich nicht aufregen. Ich kam, um mich einfach nach euch zu erkundigen, Grüße von meinen Eltern zu bestellen und euch meine Freundschaft zu zeigen. Wir sollten uns nicht über andere streiten. Du hast Recht, man hat sehr viel Unfug im Namen der Religion gemacht. Ich will jedenfalls das alles genauso wenig wie du. Aber jetzt sollten wir ein paar andere Themen ansprechen.»

Sie setzten sich wieder, und Wanja erzählte von ihrem Leben in Estland. Zum Schluss lud er seine früheren Nachbarn ein, einmal zu Besuch zu kommen. Dann ging er.

«Effatah, sprich dein Effatah zum Volk der Kasachen», betete Wanja auf dem Weg zum Haus seiner Tante. Noch nie zuvor war es ihm so bewusst geworden, dass in seinem Land Völker lebten, die noch nichts von Jesus wussten. Wie ein inneres Feuer breitete sich in ihm das Wort aus Matthäus 28,18–21 aus: «Gehet hin und machet zu Jüngern alle Völker …» Das meint doch sicher auch die Kasachen, Usbeken, Tadschiken, Karakalpaken, Dunganen, Griechen? Vertreter aller dieser Völker lebten in Zhetysay. Tagtäglich kamen Christen mit ihnen zusammen. Und noch nie war einer von ihnen zum Glauben an Jesus gekommen. Wenigstens hatte er, Wanja Richter, noch nie von einem solchen Fall gehört.

Tief bewegt kam er im Haus seiner Tante an. Er erzählte von seinem Besuch bei den ehemaligen Nachbarn und erwähnte die Gedanken, die ihn seither bewegten.

«Da mach dir mal keine Sorgen, mein Junge. Wir leben seit Jahrzehnten unter diesem Volk. Die haben ihren Glauben. Unseren werden sie nie annehmen. Die können das alles gar nicht verstehen.»

Die Antwort der Tante schien so abwegig, so überheblich, dass Wanja nichts dazu sagen konnte.

Am Abend versammelte sich die christliche Jugend wieder. Wanja wurde gebeten, ein Wort Gottes zu lesen. Er öffnete seine Bibel und las aus dem Evangelium des Matthäus, Kapitel 28,18–21. Dann sah er alle lang und prüfend an.

«Meint ihr, dieser Befehl ist auch uns gegeben?», fragte er schließlich.

Slawa, der Jugendleiter, bejahte seine Frage. «Und warum hören dann die Kasachen von uns das Evangelium nicht? Und die Usbeken? Und die Griechen? Und, und, und … Warum?»

Eine tiefe Stille breitete sich im Raum aus.

«Warum? Ich weiß es nicht. Wir haben noch nie darüber nachgedacht, schätze ich», antwortete Slawa.

«Wir wissen auch gar nicht, wie man so etwas machen würde», warf jemand anders ein.

«Irgendwie wäre es aber schon komisch, wenn plötzlich ein Kasache bei uns zur Gemeinde gehören würde», meldete sich ein weiterer.

«Das hier ist der Missionsbefehl Jesu. Seine letzten Worte auf Erden. Jesus kann sich doch nicht geirrt haben! Oder etwa doch? Und sind die Kasachen nicht ein Volk? Brauchen sie etwa nicht genauso wie wir Deutschen oder die Russen oder die Juden Jesus? Sollen sie etwa verloren gehen?»

Wanjas unerwartete Fragen trafen die Herzen seiner Zuhörer wie spitze Nägel, die in getrocknetes Holz geschlagen wurden.

«Wir haben uns an diesen Völkern versündigt. Wir halten sie für zweitklassig, für ungebildet und kulturell unentwickelt. Vieles ist vielleicht sogar wahr. Aber liegt es nicht auch daran, dass wir ‹Christen› ihnen Jesus vorenthalten haben?»

Wanja erzählte von seiner morgendlichen Begegnung mit Kairat und dessen harten Worten über seine baptistischen Arbeitskollegen.

«Ich verstehe, wir sollten Buße tun. Wir haben uns gegen die muslimischen Nachbarn versündigt. Das sollten wir tun, vielleicht sogar sofort, aber meine Frage bleibt – wie sollen wir ihnen das Evangelium nahe bringen? Was müssten wir tun, damit sie es verstehen?», fragte ein hagerer Jugendlicher mit wachen Augen. Wanja war sofort aufgefallen, dass die Jugendlichen ihn einfach «Pfahl» nannten, wohl seiner Länge wegen.

«Du fragst, wie? Ich sage es dir. Das Stichwort heißt ‹Effatah›.»

«So nennen die Esten ihre Erweckungsabende», klärte Slawa die Anwesenden auf. «Das heißt ‹Öffne dich›. Jesus hat das Wort gebraucht, um einen Taubstummen zu heilen.»

«Wir wissen das schon, Slawa», unterbrach ihn Wanjas Cousine Nelli.

«Ich habe mich in Tallinn schrecklich über die Musik und den wilden Gesang der Band aufgeregt. Die spielten wie die Beatles. Aber heute glaube ich zu wissen, warum sie es getan haben. Sie sind, wie die Bibel sagt, den Juden ein Jude geworden. Den Jugendlichen auf der Straße mit ihren langen Haaren, ihrer lauten Musik sind sie entgegengekommen. Und genau darin liegt das Geheimnis ihres Erfolgs. Was würde es bedeuten, wenn ihr den Kasachen ein Kasache würdet?», fragte Wanja herausfordernd und blieb dann still.

Auch die anderen schwiegen. So wurde dieser Abend auch abgeschlossen. Slawa lud zwar noch zur Gebetsgemeinschaft ein, aber diese wollte irgendwie nicht in Gang kommen. Was sollte man auch beten? Die Frage, die Wanja gestellt hatte, schrie nach einer Antwort; einer Antwort, auf die kaum jemand von ihnen vorbereitet gewesen war.

– 19. –
Gott ist den Menschen nicht fern

In den kommenden Tagen besuchte Wanja den großen Basar am Rande der Stadt. Ein orientalischer Markt ist immer einen Besuch wert. Die bunten Farben, das unglaubliche Gemisch der feilgebotenen Waren und dann der süßliche Duft von tausend Gewürzen – all das erinnerte an die Märchen aus Scheherazade und Tausendundeiner Nacht.

Wanja liebte solche Plätze. Am liebsten schlenderte er durch den Markt und feilschte mit den urig anmutenden Verkäufern. Es dauerte etwas, aber nach einer Weile war er fähig, den realistischen Preis der Ware zu ermitteln. Er fragte den einen, dann den anderen Händler, handelte so hart, wie es nur ging, den Preis herunter und lag bald bei den meisten Verkäufern der gleichen Ware beim gleichen Angebot. Das war also ihr Minimum. So viel sollte man auch zahlen, ohne die Händler zu verärgern und ihren orientalischen Zorn zu wecken. Und so etwas ist im Orient dann kein Spaß mehr. Wo sich der Orientale ärgert, da fliegen bald die Fäuste und blitzen schnell mal die Messer auf.

Doch heute wollte Wanjas Spiel nicht gelingen. Zum ersten Mal in seinem Leben sah er weniger den Basar. Er sah vielmehr die Menschen dort.

Gleich beim dreckigen Eingang mit den vielen Schaschlik-Ständen sah er drei Männer mit amputierten Beinen sitzen. Die hockten auf einer Art Wägelchen, einem Brett auf vier Rädern, auf dem sie sich vorwärtsbewegten, indem sie sich mit den Händen vom Erdboden abstießen. Sie waren unsagbar dreckig und hatten ausgezehrte Gesichter. Der eine schien noch ein Kind zu sein, vielleicht zwölf Jahre alt, aber sein Gesicht glich dem eines Sechzigjährigen. Tiefes Mitleid erfasste Wanjas Herz.

Er ging durch die Reihen der Verkäufer. Was er früher als orientalische Handelslust sah, entpuppte sich jetzt als blanker Überlebenskampf. Menschen, die hier ihre Ware verkauften, waren alles andere als reich. Oft saßen sie hinter einem kleinen Sack mit Gewürzen, zusammengekauert und traurig. Nur die Anwesenheit eines Kunden weckte in ihnen Leben. Nein, Wanja konnte und wollte nicht mit diesen Menschen seine Spielchen spielen. Es war so, als ob Gott ihm eine neue Perspektive gezeigt hatte – diese Menschen brauchten Jesus, und weit und breit gab es kein Zeugnis.

Einen der Händler sprach Wanja auf Gott an. Dieser reagierte sofort: «Der Allmächtige», na klar kenne er ihn. Er sprach mit großer Ehrfurcht. «Viele hier kennen ihn. Die Kasachen sind alle gottesfürchtig. Auf jeden Fall die älteren, aber heute herrschen die Ungläubigen», fügte er hinzu. Dann hüllte er sich wieder in Schweigen. Er zog dabei seinen Kopf tief in den dicken Baumwollumhang zurück, so dass sich sein Turban und der Umhang berührten. Es war eine deutliche Demonstration seines Unvermögens, weiter über ein solches Thema zu reden, über das er sich wohl einmal gerne unterhalten hätte. Auch andere, die Wanja ansprach, reagierten ähnlich. Dagegen war die Reaktion der Russen, Deutschen und der anderen europäisch aussehenden Verkäufer deutlich schroffer.

«Wir sind hier nicht in der Kirche, junger Mann», brach eine korpulente Fleischhändlerin das Gespräch sofort ab. Andere «Weiße», wie man die Europäer hier nannte, reagierten ähnlich.

«Christen sind für die Muslime wahrscheinlich genauso unnahbar, wie diese Frau es zu mir ist», kam Wanja der beunruhigende Gedanke. Wie sollten sie auch zwischen diesen aus dem Christentum stammenden Menschen unterscheiden? Wer hat es ihnen je erklärt, dass es mehr gibt? Niemand! Dabei gab es auch hier unzählige Chancen, unauffällig zu predigen. Die Menschen schienen offen für ein Gespräch über den Glauben.

«Wanja, na so was! Du auf unserem dreckigen Basar?», riss eine Stimme ihn aus seinen Gedanken. Wanja drehte sich um und sah Slawa schwer bepackt mit allerlei Sachen, ihm freundlich zuwinkend.

Er begrüßte ihn. Und bald schon waren sie im Gespräch. Wanja teilte Slawa seine Beobachtungen mit.

«Die Asiaten – offen für Gott? Glaube ich nicht. Schau sie dir an. Das sind doch alles Betrüger. Der da zum Beispiel, warum sitzt er den ganzen Tag neben seinem Sack Pfeffer? Kann er nicht normal wie wir alle arbeiten gehen? Und dann versuch mal mit ihm zu handeln. Mir brauchst du über diese Leute nichts zu erzählen. Ich bin unter ihnen aufgewachsen. Am liebsten hätte ich dir das schon neulich gesagt, als du über den Missionsbefehl Jesu sprachst. Es ist leicht zu reden, wenn man in der Ferne Estlands lebt.»

«Den da meinst du?» Wanja zeigte in Richtung eines traurig aussehenden Mannes neben einem halbvollen Sack Pfeffer.

«Zum Beispiel, ja. Ach, Wanja, die sind alle gleich. Von Gott wollen sie nichts wissen.»

Wanja ging auf den Mann zu, während Slawa aus sicherer Distanz das Geschehen beobachtete. Er setzte sich neben den Pfeffersack und begrüßte den Asiaten freundlich mit: «Verehrter alter Mann». Dieser blickte ihn erstaunt an und begann seinen Pfeffer als den allerbesten auf dem Basar zu preisen.

«Darf ich probieren?», fragte Wanja und tunkte seinen Zeigefinger in den Pfeffer. Dieser war wirklich gut. «Ich habe ihn selbst gezogen, selbst gemahlen, selbst gemischt. Wir Usbeken wissen, was ein gutes Gewürz ist.»

«Sind Sie Muslim, Aga?», fragte ihn Wanja.

«Usbeken sind alle Muslime», antwortete er stolz.

«Kennen Sie das Heilige Buch?»

«Ich kann es leider nicht lesen, mein Junge. Aber ich verehre es. Und ich würde nie etwas tun, was den Willen Gottes verletzt. Ich schwöre.»

«Auch nicht lügen, nicht betrügen? Das verbietet Gott, der Allmächtige, in seinem Buch.»

«Es tut gut, mit dir über den Allmächtigen zu reden, mein Sohn. Die Ungläubigen auf diesem Basar verunehren Gott, wo immer sie können, aber der Allmächtige sieht alles. Wie heißt du, mein Sohn?», fragte der Mann.

Wanja stellte sich vor. «Ich bin Deutscher, und ich liebe Menschen, die Ehrfurcht vor Gott haben.»

«Du bist wahrscheinlich ein Baptist, oder? Nur diese sind noch gottesfürchtig unter den Christen. Ich kenne einige von ihnen. Aber über Gott reden sie mit mir auch nicht», antwortete der Mann.

«Ich komme aus Estland. Ich bin hier zu Gast», klärte Wanja den alten Mann auf.

«Aus Estland? Das ist aber weit weg. Und dann kommst du zu mir und redest über Gott? Möge der Allmächtige dich segnen, mein Sohn.»

«Hundert Gramm, bitte», sagte Wanja und zeigte auf den guten Pfeffer.

«Nimm mehr, mein Junge. Du brauchst nicht zu bezahlen. Ich nehme kein Geld von Gottesfürchtigen.»

Wanja zahlte trotzdem.

«Komm, besuche mich doch einmal. Ich lebe in Jangijul. Das sind keine hundert Kilometer von hier», lud ihn der Händler ein.

Wanja kehrte zu Slawa zurück. Sie entfernten sich vom Pfefferverkäufer.

«Siehst du, das meine ich, Slawa. Und ich ahne es nur, aber viele dieser Menschen wären bereit, über Gott zu reden. Das Problem sind nicht sie.»

«Ich merke schon, was du sagen willst. *Wir* sind das Problem. Wir. Wir Christen. Aber machst du es dir mit einem solchen Vorwurf nicht doch zu leicht? Nicht alle Christen sind untätig.»

Wanja schwieg.

Sie verließen den Basar. Am Ausgang saßen immer noch die drei Bettler. Wanja hielt Slawa an. Er bat ihn, einen Augenblick zu warten, ging zum Schaschlik-Stand und kaufte drei große Spieße, dann wandte er sich an die Bettler und gab jedem von ihnen einen. Sie sahen ausgehungert aus und fingen sofort an zu essen. Wanja wollte schon gehen, als der eine ihm kauend zurief: «Möge Gott dich segnen, junger Mann.»

Slawa sah Wanja zu. Seine Augen füllten sich mit Tränen.

«Ist was passiert?», fragte ihn Wanja, als er von den Bettlern zurückkam.

«Nein, Wanja, nichts. Oder doch? Ich habe gerade realisiert, dass diese Bettler mir überhaupt nicht aufgefallen sind. Und ich hätte auch nie gedacht, dass einer von ihnen das Wort ‹Gott› in den Mund nehmen würde. Sag mal, Bruder, bin ich blind?»

«Effatah, Slawa, Effatah!», antwortete Wanja. Er hatte seine Cousine auf der anderen Seite der Straße winken gesehen.

«Ich muss, Bruder, Nelli wartet auf mich. Salam, Bruder. Gott wird dir die Augen öffnen.»

Dann eilte er zu seiner Verwandten.

– 20. –
Die Wüste hat Wasser

Der Horizont hellte auf. Die Sonne, noch nicht sichtbar, kündigte sich durch Streifen an, die wie über die Sanddünen gelegt waren und schnell die Farbe wechselten.

Dann war sie urplötzlich da. Wie ein großer Feuerball rollte sie hinter einer der hohen Sanddünen hervor und tauchte die karge Wüste in herrliche Farben. Was für ein Schauspiel! Wanja hielt den Atem an. So etwas hatte er noch nie gesehen. In seiner Heimat waren Sonnenaufgänge dieser Art nicht üblich. Erst recht nicht im Juni. Da ging die Sonne schon sehr früh und träge und langsam auf. Hier schien das Ganze nur wenige Sekunden zu dauern.

Es war sechs Uhr morgens. Wanja saß im Zug nach Moskau. Er war am Abend des vorigen Tages aus Taschkent abgefahren, und der Zug durchquerte gerade die Kysylkum-Wüste auf der Höhe der Stadt Kysyl-Orda. In diesem Gebiet leben seit Jahrhunderten nomadische Völker. Das größte von ihnen, die Karakalpaken, seit dem Beginn der Sowjetunion unter dem politischen Druck des sowjetischen Systems und am Rande des Genozids stehend, lebte in unvorstellbarer Armut in den wenigen Oasen der Sandwüste.

Wanja hatte viel über dieses Volk gelesen. Hier fand in den dreißiger Jahren des zwanzigsten Jahrhunderts der größte und bekannteste politische Aufstand der von den Sowjets dominierten Völker statt. Man nannte die Unabhängigkeitsbewegung «Basmatschi-Bewegung». Als Kind und Jugendlicher hatte Wanja Bücher, die die Ereignisse dieser Tage beschrieben, verschlungen. Jetzt, wo er durch die Gegend reiste, klebte er am Fenster. Aber sein historisches Interesse wollte sich nicht einstellen. Die Gedanken gingen immer wieder zurück zu den Erlebnissen der letzten Wochen.

Seine Zeit in Mittelasien hatte sich mehr als gelohnt. Er hatte seine Verwandten besucht und viele neue Freunde gewonnen. Seine Bibelschmuggel-Aktion war gelungen. Und vor allem: Er war auf Spuren der Oleviste-Erweckung gestoßen. Offensichtlich hatte die Nachricht vom Wirken Gottes in Tallinn auch die Weiten Mittelasiens erreicht. Das hätte er nicht erwartet. Genauso wenig wie die Offenheit der Christen in der Region für geistliche Erfahrungen. Zu Hause waren speziell die russischen und die deutschen Baptistengemeinden gegenüber den Effataa-Abenden in der Oleviste-Kirche kritisch bis feindlich eingestellt. Hier in Mittelasien fand Wanja nur wenige kritische Stimmen. Gott war offensichtlich dabei, den Christen hier die Augen für seine Gegenwart zu öffnen.

Wanja schaute aus dem Fenster. Das herrliche Bild der aufgehenden Sonne, die die sonst so tote Wüste Kysylkum in einen bunten Teppich verwandelte, unterstützte seine positive Stimmungslage. Effatah – das starke Wort Jesu schien auch hier gehört zu werden. Die Sonne der Erweckung war dabei, wunderbar aufzugehen.

Wanja genoss sichtlich das von der Sonne geschaffene Schauspiel. Plötzlich tauchte inmitten dieses lichtüberfluteten Teppichs eine Kamelkarawane auf. Fast so, wie man es auf Reiseprospekten abbildet, damit beim potenziellen Kunden Abenteuerlust aufkommt. «Wahrscheinlich Karakalpaken», dachte Wanja. «Und auch diese haben noch nie das Evangelium gehört.»

«Was die Sonne aus einer gottverlassenen Wüste machen kann …», hörte Wanja die Stimme eines seiner Mitreisenden von der oberen Liege.

«Ist herrlich, nicht?», antwortete ihm Wanja.

«Was denen hier fehlt, ist Wasser. Wasser brauchen sie. Dann würde aus dieser Wüste ein Paradies werden», ergänzte der Mann.

«Wasser in der Wüste?» Wanjas Worte klangen recht skeptisch.

«Wasser gibt es hier genug. Ich bin Geologe und habe

hier jahrelang gearbeitet. Das Problem ist nur: Das Wasser liegt zu tief.»

Der Mann erhob sich von seiner Liege. Wanja sah ihn an. Vor ihm stand ein großer alter Herr. Er hatte ein schönes, klassisch geschnittenes Gesicht, langes, welliges graues Haar und kluge, wache Augen. «Wie ein Heiliger auf einer orthodoxen Ikone», kam Wanja der Vergleich in den Sinn.

«Ich steige gleich in Kysyl-Orda aus. Leben würde ich das nicht nennen, was wir hier fristen. Und alles nur wegen dem Wasser. Das Wasser ist unser Problem.»

Der Mann drehte sich um und verließ das Abteil.

«Wasser gibt es hier genug. Das Problem ist nur: Das Wasser liegt zu tief», wiederholte Wanja die Worte des Geologen. Vor seinem inneren Auge zogen jetzt die vielen Gesichter der Asiaten aus der Region vorbei, die er kennengelernt hatte: Kairat, sein früherer Nachbar, und dessen gottesfürchtige Mutter, die behinderten Bettler auf dem Basar in Zhetysay und viele, viele andere Menschen, die er gesehen und mit denen er gesprochen hatte. Etliche von ihnen schienen religiös interessiert zu sein. Äußerlich glichen sie der Wüste da draußen. Aber tief in ihrem Inneren konnte man glimmendes geistliches Leben erahnen.

«In der Wüste gibt es Wasser», wiederholte Wanja halblaut. Er sah wieder aus dem Fenster. Die Karawane war vorübergezogen. War diese Karawane im Licht der aufgehenden Sonne ein Symbol der anbrechenden Erweckung in Mittelasien? Würden die Christen in der Region die Verantwortung für sie übernehmen? Würde es bald zu einer Missionsbewegung in Mittelasien kommen? Und wie würde diese aussehen? Wie würde man das Wasser aus der Tiefe holen?

Fragen, Fragen, Fragen. Wanja dachte über sie nach, ohne eine Antwort zu haben. Sein Zug fuhr ihn nach

Hause. Wanja freute sich darauf, bald seine Familie, seine Freunde und auch die Verantwortlichen von Effataa in Tallinn zu sehen und zu sprechen. Er wollte und er musste diesen Brüdern berichten, wie der Geist Gottes bis nach Mittelasien eine Furche grub. Sie sollten ermutigt werden, das *ganze* Land zu sehen. Und sicher sahen sie es bereits. Vielleicht konnten sie diese Wahrnehmung noch intensivieren. Wanja sah schon die leuchtenden Augen eines Attila Arpad vor sich. «Er wird sich königlich freuen über die Erfahrungen, die ich hier gemacht habe», dachte Wanja.

Der Zug bewegte sich weiter. Die ausgeleierten sowjetischen Gleise ließen die Wagen immer wieder hart rumpeln. Das weit in die Gegend hallende typische Eisenbahntrommeln klang in Wanjas Ohren wie das Trommeln eines zum Fest einladenden Fakirs. War das, was er auf dieser Reise erlebte, ein Zeichen des anbrechenden geistlichen Frühlings in der großen Sowjetunion? Wanja hoffte es von ganzem Herzen.

Epilog

Die Geschichte, die Sie eben gelesen haben, ist so ähnlich tatsächlich passiert. Wanja Richters Geschichte ist *meine* Geschichte. Der Traum, den ich und viele andere mit mir in den 70er Jahren geträumt haben, ist an vielen Stellen wahr geworden. Die Effataa-Gottesdienste in der Olai-Kirche in Tallinn mussten im Jahre 1981 unter dem Druck der Behörden schließen. Erst verbot man die russischen Abende, und danach kamen auch die Abende in Estnisch nicht mehr zustande. Die Oleviste-Gemeindeleitung sagt es heute: Der Aufbruch kam zum Stillstand, weil man vor den Behörden in die Knie gegangen war. Man hätte vielleicht besser ins Gefängnis gehen sollen. Und doch. Von Tallinn ging ein Impuls aus, der mehr erreichte, als auf den ersten Blick sichtbar ist.

Die Sowjetunion gibt es nicht mehr. Das sowjetische System gehört in die Annalen der Geschichte. In den Territorien, die hier beschrieben wurden, wachsen Gemeinden. Tausende von Kasachen und Karakalpaken sind in den vergangenen Jahren zum Glauben an Jesus Christus gekommen. Ihre Gemeinden haben ein eigenes orientalisches Gesicht entwickelt. Sie singen heute Lieder, die die alten Baptistengemeinden in der Region nie gesungen haben, ihre Gemeindehäuser sehen so aus, wie die alten Bethäuser nie ausgesehen haben. Und trotzdem folgen sie dem einen Herrn. In ihrem Leben wird wahr, was Jesus in Johannes 7,37–38 sagte: «Wen da dürstet, der komme zu mir und trinke! Wer an mich glaubt, wie die Schrift sagt, von dessen Leib werden Ströme lebendigen Wassers fließen.»

Heute blühen viele karakalpakische Dörfer.

Christus hat die Tiefen der Wüste aufgebohrt.